中阿含經選集

三藏瞿曇僧伽提婆——譯

唯一保存完整攝頌的一部佛教經典

《薩婆多毘尼毘婆沙．總序》稱《中阿含》是為利根者分別、抉擇諸深義的經典，為學問者所習。

正法眼藏袖珍本出版贅言

法本法無法
無法法亦法
今付無法時
法法何曾法

佛教的傳入中土，絕不是偶然的，而是具有深刻的社會與思想因素。一般認爲《魏略．西戎傳》中所說：西漢哀帝元壽元年（西元前二年）大月氏使者伊存來華，口授博士弟子景盧以《浮屠經》，是佛教傳入中土的開始。也有據《廣弘明集》卷一所引《吳書》的記載，認爲是東漢明帝永平十年（西元六十七年）西域僧人迦葉摩騰和竺法蘭應漢使者蔡愔之邀，用白馬馱經到洛陽，明帝並因此建立了中國第一所佛寺「白馬寺」，是佛教傳人中土的開始。但可確定的是：中國第一部翻譯的佛教經典《四十二章經》便是迦葉摩騰和竺法蘭在白馬寺譯成的。

佛教經典原來都是印度古老的梵文，從東漢明帝到現在將近二千年，經過歷代華梵高僧大德譯成漢文的多達一萬五千卷，這些佛經分爲經、律、論，稱之爲三藏聖典，總稱「大藏經」，其數量之大足以與清修的四庫全書相比，是中國翻譯史上最浩大的工程，且其對中國歷史文化的影響也是無與倫比的。

由於佛經的大量翻譯，使中國的文化取得了新的養分，開創了新的境界，因爲佛教除了作爲宗教勢力在社會上流行外，其所蘊含的思想也深深的影響了中國的哲學、文學、藝術。

而這些佛經的翻譯，初期大多數是藉助東來弘法的梵僧，然後隨著佛教的發展，魏晉時期，中土的沙門也開始西行求法，到了隋唐，則是佛經漢譯的顛峯時期，不只卷帙繁多，更是人才輩出，最著名的則是梵僧鳩摩羅什及唐僧玄奘二位大師了。然而這些經典，不論是梵僧負經而來，或是中土高僧西行求取，皆是歷盡艱難。我們今天有此因緣，展讀這些經書，更應感到珍惜，且應以虔敬之心將它推廣。

圓明出版社成立之初，即本著恪遵真諦之心，冀求以佛家思想改善社會的風氣，整理出版一些適合現代人閱讀的佛學書籍，然而「離經一字，即同魔説。」況且，古賢大德所譯經典，文筆優美，典雅簡潔，深具文學價值，因此根據原典，聘請專人詳加標點，重新編排，以適合現代人隨身檢讀，並藉此喚醒社會大衆對佛學之興趣；唯人微德薄，還請諸方大德惠予指正，共同爲弘揚佛法而努力，是我佛之幸，全民之幸。

中華民國八十年二月

目錄

說四阿含

梁啟超

增壹阿含經五十卷　苻秦兜佉勒國沙門曇摩難提等譯
中阿含經六十卷　東晉罽賓國沙門瞿曇僧伽提婆等譯
長阿含經二十二卷　姚秦罽賓國沙門佛陀耶舍共竺佛念譯
雜阿含經五十卷　劉宋天竺三藏求那跋陀羅譯

一 阿含與(五百結集)

阿含亦作阿笈摩,亦作阿含暮,譯言「法歸」,謂萬法所歸趣也。亦言「無比法」,謂法之最上者也。亦言「教」,亦言「傳」,謂輾轉傳來,以法相教授也。本爲佛經總名,今但以施諸小乘焉。

吾研究佛經成立之歷史,擬拈出四箇觀念以爲前提:

一、凡佛經皆非佛在世時所有。無論何乘何部之經,皆佛滅後佛徒所追述。其最初出者在佛滅後數月間,其最晚出者在佛滅五百年以後。

二、佛經之追述,有由團體公開結集者,有由箇人私著者;前者成立之歷史可以確考,後者無從確考。

三、佛經有用單行本形式者,有用叢書形式者,現存之十數部大經,皆叢書也。而此種叢書，性質復分爲二，有在一時代編纂完成者，有歷若干年增補附益而始完成者。

四、凡佛經最初皆無寫本，惟恃闇誦。寫本殆起於佛滅數百年後，隨教所被，各以其國土之語寫焉。質言之，則凡佛經皆翻譯文學也。

四阿含者，則佛滅後第四箇月，由團體公開結集一時編纂完成之四種叢書，歷若干年後，始用數種文字先後寫出者也。此次結集，即歷史上最有名之「五百結集」，其情節具見於四分律藏、彌沙塞五分律、摩訶僧祇律、善見律等書，今雜採略述如下：

佛以二月十五日平旦，在俱尸那入滅。時大弟子大迦葉方在葉波國，聞變而歸，既葬佛後，默自思惟：宜集法藏，使正法住世，利益衆生。乃請阿闍世王爲檀越，於王舍城外之畢波羅窟，以六月二十七日開始結集。參與斯會者五百人，迦葉爲上首，先命優婆離結集毗尼，此云律藏，所集者則今之八十誦律是也。次命阿難結集修多羅，此云經藏，亦云法藏，所集者則此諸阿含是也。

阿難，佛之從弟，爲佛侍者二十五年。佛嘗稱其多聞第一，殆記性最强之人也，故結集經藏之大任衆以屬之。結集時用極莊重之儀式，極複雜之程序，以求徵信。阿難登高座，手捉象牙裝扇，迦葉問：「法藏中梵網經何處說耶？」阿難答：「王舍城那蘭駄二國中間王菴羅絺屋中說。」「因誰而起？」「因修悲夜波利婆闍迦及婆羅門陀多二人而起。」如是問答本起因緣後，阿難乃誦出佛所說，首唱言：「如是我聞。」誦已，五百羅漢印可之。如是次第誦他經，一切誦已，遂泐爲定本，此阿含之由來也。

何故將阿含結集爲四耶？增壹序品云：「時阿難說經無量，誰能備具爲一聚？或有一法義亦深，難持難誦不可憶，我今當集此法義，一一相從不失緒。」據此則似阿難既將諸經誦出後，慮其散漫難記憶，於是謀集爲「一聚」，以叢書的格式總持之。序品又云：「契經今當分四段，先名增壹二名中，三名曰長多瓔珞，雜經在後爲四分。」此論四種次序，分別功德論釋之云：「分四段者，文義混雜，宜當以事理相從，大小相次，以一爲本次至十，一二三隨事增上，故名增壹；中者，不大不小，不長不短，事處中適也；長者，說久遠事，歷劫不絕；雜者，諸經斷結，難誦難憶，事多雜碎，喜令人忘。」彌沙塞五分律云：「迦葉問一切修多羅已，僧中唱言：此是長經，今集爲一部，名長阿含；此是不長不短，今集爲一部，名中阿含；此是爲優婆塞婆夷天子天女說，今集爲一部，名雜阿含；此是從一法增至十一法，今集爲一部，名增一阿含。」據此則四部分類命名之意，不過因文字之長短，略爲區分，無甚義例。法華玄義云：「增一，明人天因果；中，明真寂深義；雜，明諸禪定；長，破外道。」此說不免杜撰。四阿含雖云將諸經加以組織，然此種論理的分類法，似尚非當時所有，以今譯本細按之，亦不能謂某種專明某義也。

數何以限於四？或言仿四吠陀，此殆近之。但據善見律，則尚有屈陀迦阿含一種，是不止四矣。今錫蘭島所傳巴利文阿含，確有五部，其第五部正名屈陀迦，然不過將四含之文摘要分類編輯，恐非原本。吾竊疑此屈陀迦與大乘經典有關係，語在次篇。

二 阿含在彼土之傳授

付法藏因緣傳載有一事，甚可發噱，今節引之：

「阿難遊行至一竹林，聞有比丘誦法句偈：『若人生百歲，不見水老鶴，不如生一日，而得睹見之。』阿難語比丘：此非佛語，汝今當聽我演：

（原文）『若人生百歲，不解生滅法，不如生一日，而得了解之。』爾時比丘即向其師說阿難語，師告之曰：『阿難老朽，言多錯謬，不可信矣。汝今但當如前而誦。』」

佛經以專恃闇誦不著竹帛之故，所傳意義，輾轉變遷，固意中事。乃至阿難在世時，已有此失，且雖以耆宿碩學如阿難者，猶不能矯正。此孟子所以有盡信書不如無書之歎也。不惟轉變而已，且最易遺失。分別功德論云：「增壹阿含本有百事，阿難以授優多羅，出經後十二年，阿難便般涅槃，其後諸比丘各習坐禪，遂廢諷誦，由是此經失九十事。外國法師徒相傳，以口授相付，不聽載文，時所傳者，盡十一事而已。自爾相承，正有今現文爾。優多羅弟子名善覺，從師受誦，僅得十一事，優多羅便涅槃，外國今現三藏者，盡善覺所傳。」

增壹一經如此，他經可推。然則即今阿含，已不能謂悉爲阿難原本。

然印土派別既多，所傳之本，各自不同，順正理論云：「雖有衆經，諸部同誦，然其名句，互有差別。」此正如漢初傳經，最尊口說，故諸家篇帙文句，時相乖忤。即以增壹言，功德論又云：「薩婆多家（即說一切有部）無序及後十事。」然則薩婆多所傳，固與善覺本異矣。而今我國譯本，共五十二品，則既非阿難原來之百篇本，亦非善覺之十一篇本，又非薩婆多之九十篇本，是知印土增壹，最少當有四異本矣。吾所以喋喋述此者，非好爲瑣末之考證。蓋當時諸部所釋教理，有種種差別，雖同屬一經，其某部所傳之本，自必含有該部獨有之特色，不僅如「水老鶴」等文字之異同而已。試以漢譯四含與錫蘭之巴利本相較，當能發見許多異議，他日若有能將全世界現存之各種異文異本之阿含，一一比勘，爲綜合研究，追尋其出自何部所傳，而因以考各部思想之異點，則亦學界之一大業也。

我國阿含四種，並非同時譯出，其原本亦非同在一處求得，則每種傳授淵源，宜各不同。慈恩謂四含皆大衆部誦出；法幢謂增壹依大衆部，中雜依一切有部，長含依化地部，未審何據。今於次節述傳譯源流，略考其分別傳受之緒焉。

三　阿含傳譯源流

我國譯經，最初所譯爲「法句類」，即將經中語節要鈔錄之書也。次即分譯阿含小品，蓋阿含乃叢書體裁，諸品本自獨立成篇，不以割裂爲病也。今舉藏中現存阿含異譯諸經爲左表：

增壹阿含經別出異譯

（經名）　（今本）　（譯人）

婆羅門避死經	增上品	漢安世高
阿那邠邸化七子經	非常品	同
舍利弗目揵連遊四衢經	馬王品	漢康孟詳
七佛父母姓字經	十不善品	曹魏失名
須摩提女經	須陀品	吳支謙
三摩竭經	同	吳竺律炎
波斯匿王太后崩經	四意斷品	西晉釋法炬
頻婆娑羅詣佛供養經	等見品	同
大愛道般涅槃經	般涅槃品	西晉帛法祖
舍衛國王夢見十事經	同	西晉失名
央崛魔經	力品	西晉竺法護
力士移山經	八難品	同

四未曾有法經	同	同
玉耶女經	非常品	西晉失名
放牛經	放牛品	姚秦鳩摩羅什
四泥犁經	禮三寶品	東晉曇無蘭
玉耶經	非常品	同
不黎先尼十夢經	涅槃品	同
食施獲五福報經	善聚品	東晉失名
四人出現世間經	四意斷品	劉宋求那跋陀羅
十一想思念如來經	禮三寶品	同
阿遬達經	非常品	同
長者子六過出家經	邪聚品	劉宋慧簡
佛母般泥洹經	涅槃品	同

中阿含經別出異譯

（經名）	（今本）	（譯人）
一切流攝守因經	漏盡經	漢安世高
四諦經	聖諦經	同
本相倚致經	本際經	同
是法非法經	真人經	同
漏分布經	達梵行經	同
命終愛念不離經	愛生經	同
阿那律八念經	八念經	漢支曜
苦陰經	苦陰經上	漢失名
魔嬈亂經	降魔經	同
七知經	善法經	吳支謙

釋摩男本經	苦陰經下	同
諸法本經	諸法本經	同
弊魔試目連經	降魔經	同
賴吒和羅經	賴吒和羅經	同
梵摩喻經	梵摩經	同
齋經	持齋經	同
恆水經	瞻波經	西晉釋法炬
頂生王故事經	四洲經	同
求欲經	穢經	同
苦陰因事經	苦陰經下	同
瞻婆比丘經	大品瞻波經	同
數經	算數目連經	同

善生子經	善生經	西晉支法度
離睡經	上曾睡眠經	西晉竺法護
受歲經	比丘請經	同
樂想經	想經	同
尊上經	中禪室尊經	同
意經	心經	同
應法經	受法經下	同
鹹水喻經	七水喻經	西晉失名
兜調經	鸚鵡經	同
鐵城泥犁經	天使經	東晉曇無蘭
阿耨颰經	阿奴波經	同
泥犁經	癡慧地經	同

古來世時經	說本經	東晉失名
梵志計水淨經	水淨梵志經	同
慈心厭離功德經	須達多經少分	同
箭喻經	箭喻經	同
文竭陀王經	四洲經	北涼曇無讖
八關齋經	持齋經（不全）	北涼沮渠京聲
閻羅王五天使者經	天使經	劉宋慧簡
瞿曇彌記果經	瞿曇彌經	同
鸚鵡經	鸚鵡經	劉宋求那跋陀羅
鞞摩肅經	鞞摩那修經	同

長阿含經別出異譯

（經名）	（今本）	（譯人）

長阿含十報法經	十上經	漢安世高
人本欲生經	大緣方便經	同
尸迦羅越六方禮經	善生經	同
梵志阿颰經	阿摩晝經	吳支謙
梵網六十二見經	梵動經	同
佛般泥洹經	遊行經	西晉白法祖
樓炭經	世記經	西晉釋法炬
大般涅槃經	遊行經	東晉釋法顯
方等泥洹經	同	東晉失名
寂志果經	沙門果經	東晉曇無蘭

雜阿含經別出異譯

（經名）　（今本）　（譯人）

七處三觀經	卷二・卷三十四	漢安世高
五陰譬喻經	卷十	同
轉法輪經	卷十五	同
八正道經	卷二十八	同
馬有三相經	卷三十三	漢支曜
馬有八態譬人經	同	同
不自守意經	卷十一	吳支謙
雜阿含經（一卷）	大部中撮要	吳失名
聖法印經	卷三	西晉竺法護
難提釋經	卷三十	西晉釋法炬
相應相可經	單卷本	同
水沫所漂經	卷十	東晉曇無蘭

戒德香經	卷三十八	同
滿願子經	卷十三	東晉失名

讀右表者，可以了然於阿含之實爲叢書性質，實合多數之單行本小經而成，彼土亦各別誦習。而初期大譯家安世高支謙法護法炬之流，百餘年間，皆從事於此種單行本之翻譯，其曾否知爲同出一叢書，蓋未敢言耳。四含所有經總數幾何，不能確考。按漢譯今本，長含共三十經，中含二百二十二經，增含七十二經，雜含短而多，不能舉其數，大約在一千二三百以上，合計殆逾二千種矣，然必猶未全。今檢各經錄中小乘經存佚合計，蓋盈千種，竊謂其中除出十數種外，殆皆阿含遺文也。

前此之零碎單譯，自然不饜人意。逮東晉之初而阿含全譯之要求起焉，先出者爲增中，其次則長，最後乃雜，前後垂六十年，而茲業乃完。今考其年代及譯人列爲左表。

	年代		譯人		
	出書年	雜考證	主譯者	助譯者	關係者
增壹阿含	苻秦建元二十年（三八四）		曇摩難提	竺佛念 曇嵩	趙文業 道安 法和 僧䂮 僧茂
中阿含	東晉隆安二年（三九八）	道安難提等先已與增壹同時譯出因多未愜至是始重譯	僧伽提婆 僧伽羅叉	道慈	法和 王元琳
長阿含	姚秦弘始十五年（四一三）		佛陀耶舍	竺佛念 道含	僧肇 姚爽
雜阿含	劉宋元嘉二十年（四四三）	藏中有別譯雜阿含十六卷舊作二十卷附秦錄中殆譯而未成者不審其爲苻秦爲姚也	求那跋陀羅	法勇	原本乃法顯從師子國攜歸

譯業創始之功，端推道安。其譯增中二含，正值苻堅覆國之年。序所

謂「此年有阿城之役，伐鼓近郊」者也。蓋在圍城之中，倉卒殺青，逾年而安遂亡。道慈所謂「譯人造次，違失本旨，良匠去世（指安公），弗獲改正也。」故此秦譯二書，皆可謂未定稿，然增壹遂終弗克改。今藏中所存即建元二十年本也。長含以法和提婆之努力，又得羅叉從罽賓新來爲之助，卒成第二譯，而初譯今不復見矣。雜含既舊有秦譯，不知其出道安時耶？出羅什時耶？長含之譯，則史蹟最簡矣。

吾述四含傳譯淵源，忽引起一別種興味，即欲因各書之譯人以推求其書爲何宗派所傳本也。印度小乘派二十部，皆宗阿含，其所誦習本各部有異同。具如前引分別功德論所說，漢譯四含，或云皆出大宗部；或云增壹依大宗部，中雜依一切有部，長依化地部，未審其說所自出。今以此四書之譯人及其他材料校之，吾欲立爲臆說如下：

一、增壹阿含疑依「一切有部」本而以「大衆部」本修補。增壹譯者曇摩難提，兜佉勒人。兜佉勒，似爲「一切有部」勢力範圍。近年歐人在庫車發掘，得有用月氏文字所書之波羅提木叉（戒律），即羅什所譯「薩婆多部」之十誦比丘尼戒本也。結集毗婆沙之迦膩色迦王，即月氏種，與「有部」因緣極深。兜佉勒服屬於彼，用其文字，則其學出於「有部」固宜，據分別功德論，他部之增壹皆僅存十一品，惟「有部」本存九十品；今此本有五十一品，益足爲傳自「有部」之據。所以不滿九十品者，或是譯業未竟。蓋譯時方在圍城中，未久而苻秦遂滅也。功德論又云：「薩婆多家無序。」而安公增壹序亦云：「失其錄偈。」所謂序所謂錄偈，似即指序品，然則今序品一卷，或非原譯所有，而後人別採他部本以補之，其所採者或即「大衆部」本，故慈恩謂出自「大衆」也，序品多大乘家言，自當與「大衆部」有因緣。

二、中阿含疑出「一切有部」。初譯本中含與增壹同出曇摩難提，已足爲傳自「有部」之證。今所傳隆安二年再治本，由僧加羅叉講梵本，僧伽提婆轉梵爲晉，二人皆罽賓人（即迦濕彌羅）。罽賓爲「有部」之根據地，衆所共知。提婆別譯阿毗曇八犍度論（迦旃延之發智論），實「有部」最重要之書。羅叉續成羅什之十誦律，亦「有部」律也，然則創譯中含之三人，皆「有部」大師，法幢謂中含傳自「有部」，當爲信史也。

三、長阿含疑出「曇無德部」。長含譯者佛陀耶舍亦罽賓人，但「曇無德部」之四分律，即由彼誦出，知彼當屬「德部」，則所誦長含，或亦用「德部」本也。

四、雜阿含疑出「彌沙塞部」。雜含譯者求那跋陀羅，中天竺人，本以大乘名家，於小乘諸部當無甚關係。惟雜阿含原本之入中國，實由法顯，法顯得此於師子國（即錫蘭），同時並得彌沙塞律，然則此本與「塞部」當有關係。「塞部」本盛於南天竺，則師子國固宜受其影響，求那東渡之前，固亦久淹師子也。

右所考證，似無關宏旨。然古代印土各部之學說，傳於今者極希（除有部外），若能在四含中覓得一二，亦治印度思想史之一助也。

四 阿含研究之必要及其方法

我國自隋唐以後，學佛者以談小乘爲恥！阿含束閣，蓋千年矣。吾以爲真欲治佛學者，宜有事於阿含，請言其故：

第一、阿含爲最初成立之經典，以公開的形式結集，最爲可信。以此之故，雖不敢謂佛說盡於阿含，然阿含必爲佛說極重之一部分無疑。

第二、佛經之大部分皆爲文學之作品（補敍點染），阿含雖亦不免，然視他經爲少，比較的近於樸實説理。以此之故，雖不敢謂阿含一字一句悉爲佛語，然所含佛語分量之多且純，非他經所及。

第三、阿含實一種言行錄的體裁，其性質略同論語，欲體驗釋尊之現實的人格，舍此末由。

第四、佛教之根本原理——如四聖諦、十二因緣、五蘊皆空、業感輪迴、四念處、八正道等——皆在阿含中詳細説明，若對於此等不能得明確觀念，則讀一切大乘經論，無從索解。

第五、阿含不惟與大乘經不衝突，且大乘教義，含孕不少，不容訶爲偏小，率爾唾棄。

第六、阿含敍述當時社會情事最多，讀之可以知釋尊所處環境及其應機宣化之苦心。吾輩異國異時代之人，如何始能受用佛學，可以得一種自覺。

研究阿含之必要且有益，既如此，但阿含研究之所以不普及者，亦有數原因：

一、卷帙浩繁。

二、篇章重複，四含中有彼此互相重複者；有一部之中前後重複者。大約釋尊同一段話，在四含中平均總是三見或四見，文句皆有小小同異。

三、辭語連犿。吾輩讀阿含，可想見當時印度人言語之繁重，蓋每說一義，恆從正面反面以同一辭句翻覆詮釋，且問答之際，恆彼此互牒前言，故往往三四千字之文，不獨所詮之義僅一兩點，乃至辭語亦足有十數句，讀者稍粗心，幾不審何者爲正文？何者爲襯語？故極容易生厭。

四、譯文拙澀。增中二含，殺青於戎馬之中。中雖再治，增猶舊貫，文義之間，譯者已自覺不愜。長雜晚出，稍勝前作。然要皆當譯業草創時代，譯人之天才及素養，皆不逮後賢。且所用術語，多經後賢改訂漸成殭廢，故讀之益覺詰籟爲病。

故今日欲復興「阿含學」，宜從下列各方法著手：

第一、宜先將重要教理列出目錄——如說苦，說無常，說無我，說因緣生法，說五取蘊，說四禪等等——約不過二三十目便足。然後將各經按目歸類，以一經或二三經爲主，其他經有詳略異同者，低格附錄，其全同者則僅存其目，似此編纂一過，大約不過存原本十分之一，而阿含中究含有若干條重要教理，各教理之內容何如，彼此關係何如，都可以瞭解，原始佛教之根本觀念，於是確立。

第二、將經中涉及印度社會風俗者，另分類編之，而觀其與佛教之關係。

如觀四姓階級制之記述，因以察佛教之平等精神；觀種種祭祀儀法之記述，因以察佛教之破除迷信。

第三、宜注重地方及人事，將釋尊所居游之地見於經中者列成一表，看其在某處說法最多，某處某處次多；在某處多說某類之法，又將釋尊所接之人——若弟子、若國王長者、若一般常人、若外道等等，各列爲表，而觀其種種說法，如是則可以供釋迦傳、釋迦弟子傳、印度史等正確之資料。

以上不過隨想所及，拈舉數端，實則四含爲東方文化一大寶藏，無論從何方面研索，皆有價值也。

中阿含經選集

東晉罽賓三藏瞿曇僧伽提婆譯

城喻經

我聞如是：

一時，佛遊舍衛國，在勝林給孤獨園。

爾時，世尊告諸比丘：「如王邊城七事具足，四食豐饒，易不難得，是故王城不為外敵破，唯除內自壞。

「云何王城七事具足？謂王邊城造立樓櫓，築地使堅，不可毀壞，為內安隱，制外怨敵，是謂王城一事具足。復次，如王邊城掘鑿池塹，極使深廣，修備可依，為內安隱，制外怨敵，是謂王城二事具足。復次，如王邊城周匝通道，開除平博，為內安隱，制外怨敵，是謂王城三事具足。復次，如王邊城集四種軍力——象軍、馬軍、車軍、步軍，爲內安隱，制外怨敵，是謂王城四事具足。復次，如王邊城豫備軍器——弓、矢、鉾、戟，爲內安隱，制外怨敵，是謂王城五事具足。復次，如王邊城立守門大將，明略智辯，勇毅奇謀，善則聽入，不善則禁，爲內安隱，制外怨敵，是謂王城六事具足。復次，如王邊城築立高牆，令極牢固，泥塗堊灑，爲內安隱，制外怨敵，是謂王城七事具足也。

「云何王城四食豐饒，易不難得？謂王邊城水草樵木，資有豫備，爲內安隱，制外怨敵，是謂王城一食豐饒，易不難得。復次，如王邊城多收稻穀及儲畜麥，爲內安隱，制外怨敵，是謂王城二食豐饒，易不難得。復次，如王邊城多積秥豆及大小豆，爲內安隱，制外怨敵，是謂王城三食豐饒，易不難得。復次，如王邊城畜酥油、蜜及甘蔗、糖、魚、鹽、脯肉，一切具足，爲內安隱，制外怨敵，是謂王城四食豐饒，易不難得。如是王城七事具足，四食豐饒，易不難得，不爲外敵破，唯除內自壞。

「如是，若聖弟子亦得七善法，逮四增上心，易不難得，是故聖弟子不爲魔王之所得便，亦不隨惡不善之法，不爲染污所染，不復更受生也。云何聖弟子得七善法？謂聖弟子得堅固信，深著如來，信根已立，終不隨外沙門、梵志，若天、魔、梵及餘世間，是謂聖弟子得一善法。復次，聖弟子常行慚恥，可慚知慚，惡不善法穢污煩惱，受諸惡報，造生死本，是謂聖弟子得二善法。復次，聖弟子常行羞愧，可愧知愧，惡不善法穢污煩惱，受諸惡報，造生死本，是謂聖弟子得三善法。復次，聖弟子常行精進，斷惡不善，修諸善法，恆自起意，專一堅固，爲諸善本，不捨方便，是謂聖弟子得四善法。復次，聖弟子廣學多聞，守持不忘，積聚博聞。所謂法者，初善、中善、竟亦善，有義有文，具足清淨，顯現梵行。如是諸法廣學多聞，翫習至千，意所惟觀，明見深達，是謂聖弟子得五善法。復次，聖弟子常行於念，成就正念，久所曾習，久所曾聞，恆憶不忘，是謂聖弟子得六善法。復次，聖弟子修行智慧，觀興衰法，得如此智，聖慧明達，分別曉了，以正盡苦，是謂聖弟子得七善法也。

「云何聖弟子逮四增上心，易不難得？謂聖弟子離欲、離惡不善之法，有覺、有觀，離生喜、樂，逮初禪成就遊，是謂聖弟子逮初增上心，易不難得。復次，聖弟子覺、觀已息，內靜、一心，無覺、無觀，定生喜、樂，逮第二禪成就遊，是謂聖弟子逮第二增上心，易不難得。復次，聖弟子離於喜欲，捨無求遊，正念正智而身覺樂，謂聖所說、聖所捨、念、樂住、空，逮第三禪成就遊，是謂聖弟子逮第三增上心，易不難得。復次，聖弟子樂滅、苦滅，喜、憂本已滅，不苦不樂、捨、念、清淨，逮第四禪成就遊，是謂聖弟子逮第四增上心，易不難得。

「如是，聖弟子得七善法，逮四增上心，易不難得，不為魔王之所得便，亦不隨惡不善之法，不爲染污所染，不復更受生。如王邊城造立樓櫓，築地使堅，不可毀壞，爲內安隱，制外怨敵；如是，聖弟子得堅固信深著如來，信根已立，終不隨外沙門、梵志，若天、魔、梵及餘世間，是謂聖弟子得信樓櫓，除惡不善，，修諸善法也。

「如王邊城掘鑿池塹，極使深廣，修備可依，爲內安隱，制外怨敵；如是，聖弟子常行慚恥，可慚知慚，惡不善法穢污煩惱，受諸惡報，造生死本，是謂聖弟子得慚池塹，除惡不善，修諸善法也。

「如王邊城周匝通道，開除平博，爲內安隱，制外怨敵；如是聖弟子常行羞愧，可愧知愧，惡不善法穢污煩惱，受諸惡報，造生死本，是謂聖弟子得愧平道，除惡不善，修諸善法也。

「如王邊城集四種軍力——象軍、馬軍、車軍、步軍，爲內安隱，制外怨敵；如是，聖弟子常行精進，斷惡不善，修諸善法，恆自起意，專一堅固，爲諸善本，不捨方便，是謂聖弟子得精進軍力，除惡不善，修諸善法也。

「如王邊城豫備軍器——弓、矢、鉾、戟，爲內安隱，制外怨敵；如是，聖弟子廣學多聞，守持不忘，積聚博聞。所謂法者，初善、中善、竟亦善，有義有文，具足清淨，顯現梵行。如是諸法廣學多聞，翫習至千，意所惟觀，明見深達，是謂聖弟子得多聞軍器，除惡不善，修諸善法也。

「如王邊城立守門大將，明略智辯，勇毅奇謀，善則聽入，不善則禁，爲內安隱，制外怨敵；如是，聖弟子常行於念，成就正念，久所曾習，久所曾聞，恆憶不忘，是謂聖弟子得念守門大將，除惡不善，修諸善法也。

「如王邊城築立高牆，令極牢固，泥塗堊灑，爲內安隱，制外怨敵；如是，聖弟子修行智慧，觀興衰法，得如此智，聖慧明達，分別曉了，以正盡苦，是謂聖弟子得智慧牆，除惡不善，修諸善法也。

「如王邊城水草樵木，資有豫備，爲內安隱，制外怨敵；如是，聖弟子離欲、離惡不善之法，有覺、有觀，離生喜、樂，逮初禪成就遊，樂住無乏，安隱快樂，自致涅槃也。

「如王邊城多收稻穀及儲畜麥，爲內安隱，制外怨敵；如是，聖弟子覺、觀已息，內靜、一心，無覺、無觀，定生喜、樂，逮第二禪成就遊，樂住無乏，安隱快樂，自致涅槃也。

「如王邊城多積秥及大小豆，爲內安隱，制外怨敵；如是，聖弟子離於喜欲，捨無求遊，正念正智而身覺樂，謂聖所說、聖所捨、念、樂住、空，逮第三禪成就遊，樂住無乏，安隱快樂，自致涅槃也。

「如王邊城畜酥油、蜜及甘蔗、糖、魚、鹽、脯肉，一切充足，爲內安隱，制外怨敵；如是，聖弟子樂滅、苦滅，喜、憂本已滅，不苦不樂、捨、念、清淨，逮第四禪成就遊，樂住無乏，安隱快樂，自致涅槃。」

佛說如是，彼諸比丘聞佛所說，歡喜奉行！

漏盡經

我聞如是：

一時，佛遊拘樓瘦，在劍磨瑟曇拘樓都邑。

爾時，世尊告諸比丘：「以知、以見故諸漏得盡，非不知、非不見也。云何以知、以見故諸漏得盡耶？有正思惟、不正思惟。若不正思惟者，未生欲漏而生，已生便增廣；未生有漏、無明漏而生，已生便增廣。若正思惟者，未生欲漏而不生，已生便滅；未生有漏、無明漏而不生，已生便滅。」

「然凡夫愚人不得聞正法，不值真知識，不知聖法，不調御聖法，不知如真法。不正思惟著，未生欲漏而生，已生便增廣；未生有漏、無明漏而生，已生便增廣。正思惟者，未生欲漏而不生，已生便滅；未生有漏、無明漏而不生，已生便滅。不知如真法故，不應念法而念，應念法而不念。以不應念法而念，應念法而不念故，未生欲漏而生，已生便增廣；未生有漏、無明漏而生，已生便增廣。」

「多聞聖弟子得聞正法，值真知識，調御聖法，知如真法。不正思惟者，未生欲漏而生，已生便增廣；未生有漏、無明漏而生，已生便增廣。正思惟者，未生欲漏而不生，已生便滅；未生有漏、無明漏而不生，已生便滅。知如真法已，不應念法不念，應念法便念。以不應念法不念，應念法便念故，未生欲漏而不生，已生便滅；未生有漏、無明漏而不生，已生便滅也。」

「有七斷漏、煩惱、憂慼法。云何爲七？有漏從見斷，有漏從護斷，有漏從離斷，有漏從用斷，有漏從忍斷，有漏從除斷，有漏從思惟斷。」

云何有漏從見斷耶？凡夫愚人不得聞正法，不值真知識，不知聖法，不調御聖法，不知如真法，不正思惟故，便作是念：我有過去世？我無過去世？我何因過去世？我云何過去世耶？我有未來世？我無未來世？我何因未來世？我云何未來世耶？自疑己身何謂？是云何是耶？今此衆生從何所來？當至何所？本何因有？當何因有？彼作如是不正思惟，於六見中隨其見生而生真有神，此見生而生真無神，此見生而生神見神，此見生而生神見非神，此見生而生非神見神，此見生而生此是神，能語、能知、能作、能教、能起、教起，生彼彼處，受善惡報；定無所從來，定不有、定不當有。是謂見之弊，為見所動，見結所繫，凡夫愚人以是之故，便受生、老、病、死苦也。」

「多聞聖弟子得聞正法，值真知識，御調聖法，知如真法，知苦如真，知苦習、知苦滅，知苦滅道如真。如是知如真已，則三結盡：身見、戒取、疑三結盡已，得須陀洹，不墮惡法，定趣正覺，極受七有：天上人間七往來已，便得苦際。若不知見者，則生煩惱、憂慼；知見則不生煩惱、憂慼，是謂有漏從見斷也。」

「云何有漏從護斷耶？比丘！眼見色護眼根者，以正思惟不淨觀也；不護眼根者，不正思惟以淨觀也。若不護者，則生煩惱、憂慼；護則不生煩惱、憂慼。如是耳、鼻、舌、身、意知法。護意根者，以正思惟不淨觀也；不護意根者，不正思惟以淨觀也。若不護者，則生煩惱、憂慼；護則不生煩惱、憂慼，是謂有漏從護斷也。」

「云何有漏從離斷耶？比丘！見惡象則當遠離，惡馬、惡牛、惡狗、毒蛇、惡道、溝坑、屏廁、江河、深泉、山巖、惡知識、惡朋友、惡異道、惡閭里、惡居止，若諸梵行與其同處，人無疑者而使有疑，比丘者應當離惡知識、惡朋友、惡異道、惡閭里、惡居止，若諸梵行與其同處，人無疑者而使有疑，盡當遠離。若不離者，則生煩惱、憂慼；離者不生煩惱、憂慼，是謂有漏從離斷也。」

「云何有漏從用斷耶？比丘！若用衣服，非為利故，非以貢高故，非為嚴飾故；但為蚊虻、風雨、寒熱故，以慚愧故也。若用飲食、非為利故，非以貢高故，非為肥悅故；但為令身久住，除煩惱、憂慼故，以行梵行故，欲令故病斷，新病不生故，久住安隱無病故也。若用居止房舍、床褥、臥具，非為利故，非以貢高故，非為嚴飾故；但為疲惓得止息故，得靜坐故也。若用湯藥，非為利故，非以貢高故，非為肥悅故；但為除病惱故，攝御命根故，安隱無病故。若不用者，則生煩惱、憂慼；用則不生煩惱、憂慼，是謂有漏從用斷也。」

「云何有漏從忍斷耶？比丘！精進斷惡不善，修善法故，常有起想，專心精勤，身體、皮肉、筋骨、血髓皆令乾竭，不捨精進，要得所求，乃捨精進。比丘！復當堪忍飢渴、寒熱、蚊虻、蠅、蚤、虱，風日所逼，惡聲捶杖，亦能忍之。身遇諸病，極爲苦痛，至命欲絕，諸不可樂，皆能堪忍。若不忍者，則生煩惱、憂慼；忍則不生煩惱、憂慼，是謂有漏從忍斷也。」

「云何有漏從除斷耶？比丘！生欲念不除斷捨離，生恚念、害念不除斷捨離，若不除者，則生煩惱、憂慼；除則不生煩惱、憂慼，是謂有漏從除斷也。」

「云何有漏從思惟斷耶！比丘！思惟初念覺支，依離、依無欲、依於滅盡，趣至出要，法、精進、喜、息、定；思惟第七捨覺支，依離、依無欲、依於滅盡，趣至出要。若不思惟者，則生煩惱、憂慼；思惟則不生煩惱、憂慼，是謂有漏從思惟斷也。」

「若使比丘有漏從見斷則以見斷，有漏從護斷則以護斷，有漏從離斷則以離斷，有漏從用斷則以用斷，有漏從忍斷則以忍斷，有漏從除斷則以除斷，有漏從思惟斷則以思惟斷，是謂比丘一切漏盡諸結已解，能以正智而得苦際。」

佛說如是，彼諸比丘聞佛所說，歡喜奉行！

分別聖諦經

我聞如是：

一時，佛遊舍衛國，在勝林給孤獨園。

爾時，世尊告諸比丘：「此是正行説法，謂四聖諦廣攝、廣觀、分別、發露、開仰、施設、顯示、趣向。過去諸如來、無所著、等正覺，彼亦有此正行説法，謂四聖諦廣攝、廣觀、分別、發露、開仰、施設、顯示、趣向。未來諸如來、無所著、等正覺，彼亦有此正行説法，謂四聖諦廣攝、廣觀、分別、發露、開仰、施設、顯示、趣向。我今現如來、無所著、等正覺，亦有此正行説法，謂四聖諦廣攝、廣觀、分別、發露、開抑、施設、顯示、趣向。」

「舍梨子比丘聰慧、速慧、捷慧、利慧、廣慧、深慧、出要慧、明達慧、辯才慧，舍梨子比丘成就實慧。所以者何？謂我略說此四聖諦，舍梨子比丘則能為他廣教、廣觀、分別、發露、開仰、施設、顯現、趣向，舍梨子比丘廣教、廣示此四聖諦，分別、發露、開仰、施設、施設、顯現、趣向時，令無量人而得於觀，舍梨子比丘能以正見為導御也；目乾連比丘能令立於最上真際，謂究竟漏盡。舍梨子比丘生諸梵行，猶如生母；目連比丘長養諸梵行，猶如養母。是以諸梵行者，應奉事供養恭敬禮拜舍梨子、目乾連比丘。所以者何？舍梨子、目乾連比丘為諸梵行者求義及饒益，求安穩快樂。」爾時，世尊說如是已，即從坐起，入室燕坐。

於是，尊者舍梨子告諸比丘：「諸賢！世尊為我等出世，謂為他廣教、廣示此四聖諦，分別、發露、開仰、施設、顯現、趣向。云何為四？

謂苦聖諦，苦習、苦滅、苦滅道聖諦。諸賢！云何苦聖諦？謂生苦、老苦、病苦、死苦、怨憎會苦、愛別離苦、所求不得苦、略五盛陰苦。諸賢！說生苦者，此說何因？諸賢！生者，謂彼衆生、彼彼衆生種類，生則生，出則出，成則成，興起五陰，已得命根，是名爲生。諸賢！生苦者，謂衆生生時，身受苦受、遍受、覺、遍覺，心受苦受、遍受、覺、遍覺，身心受苦受、遍受、覺、遍覺；身熱受、遍受、覺、遍覺，心熱受、遍受、覺、遍覺，身心熱受、遍受、覺、遍覺；身壯熱煩惱憂慼受、遍受、覺、遍覺，心壯熱煩惱憂慼受、遍受、覺、遍覺，身心壯熱煩惱憂慼受、遍受、覺、遍覺。諸賢！說生苦者，因此故說。」

「諸賢！說老苦者，此說何因？諸賢！老者，謂彼衆生、彼彼衆生種類，彼爲老耄，頭白齒落，盛壯日衰，身曲腳戾，體重氣上，拄杖而行，肌縮皮緩，皺如麻子，諸根毀熟，顏色醜惡，是名爲老。諸賢！老苦者，謂衆生老時，身受苦受、遍受、覺、遍覺，心受苦受、遍受、覺、遍覺，身心受苦受、遍受、覺、遍覺；身熱受、遍受、覺、遍覺；心熱受、遍受、覺、遍覺，身心熱受、遍受、覺、遍覺；身壯熱煩惱憂慼受、遍受、覺、遍覺，心壯熱煩惱憂慼受、遍受、覺、遍覺，身心壯熱煩惱憂慼受、遍受、覺、遍覺。諸賢！說老苦者，因此故說。」

「諸賢！說病苦者，此說何因？諸賢！病者，謂頭痛、眼痛、耳痛、鼻痛、面痛、脣痛、齒痛、舌痛、齶痛、咽痛、風喘、咳嗽、喝吐、喉痺、癲癇，癰瘻、經溢、赤膽、壯熱、枯槁、痔瘻、下痢，若有如是比餘種種病，從更樂觸生，不離心，立在身中，是名爲病。諸賢！病苦者，謂衆生病時，身受苦受、遍受、覺、遍覺，心受苦受、遍受、覺、遍覺，身心受苦受、遍受、覺、遍覺；身熱受、遍受、覺、遍覺，心熱受、遍受、覺、遍覺，身心熱受、遍受、覺、遍覺；身壯熱煩惱憂慼受、遍受、覺、遍覺，心壯熱煩惱憂慼受、遍受、覺、遍覺，身心壯熱煩惱憂慼受、遍受、覺、遍覺。諸賢！說病苦者，因此故說。」

「諸賢！說死苦者，此說何因？諸賢！死者，謂彼衆生、彼彼衆生種類，命終無常，死喪散滅，壽盡破壞，命根閉塞，是名爲死。諸賢！死苦者，謂衆生死時，身受苦受、遍受、覺、遍覺，心受苦受、遍受、覺、遍覺，身心受苦受、遍受、覺、遍覺；身熱受、遍受、覺、遍覺，心熱受、遍受、覺、遍覺，身心熱受、遍受、覺、遍覺；身壯熱煩惱憂慼受、遍受、覺、遍覺，心壯熱煩惱憂慼受、遍受、覺、遍覺，身心壯熱煩惱憂慼受、遍受、覺、遍覺。諸賢！說死苦者，因此故說。」

「諸賢！說怨憎會苦者，此說何因？諸賢！怨憎會者，謂衆生實有內六處，不愛眼處，耳、鼻、舌、身、意處，彼同會一，有攝、和、習，共合爲苦。如是外處，更樂、覺、想、思、愛，亦復如是。諸賢！衆生實有六界，不愛地界，水、火、風、空、識界，彼同會一，有攝、和、習，共合爲苦，是名怨憎會。諸賢！怨憎會苦者，謂衆生怨憎會時，身受苦受、遍受、覺、遍覺，心受苦受、遍受、覺、遍覺，身心受苦受、遍受、覺、遍覺。諸賢！說怨憎會苦者，因此故說。」

「諸賢！說愛別離苦者，此說何因？諸賢！愛別離苦者，謂衆生實有內六處，愛眼處，耳、鼻、舌、身、意處，彼異分散，不得相應，別離不會，不攝、不習、不和合爲苦。如是外處，更樂、覺、想、思、愛，亦復如是。諸賢！衆生實有六界，愛地界，水、火、風、空、識界，彼異分散，不得相應，別離不會，不攝、不習、不和合爲苦，是名愛別離。諸賢，愛別離苦者，謂衆生別離時，身受苦受、遍受、覺、遍覺，心受苦受、遍受、覺、遍覺，身心受苦受、遍受、覺、遍覺。諸賢！說愛別離苦者，因此故說。」

「諸賢！說所求不得苦者，此說何因？諸賢！謂衆生生法，不離生法，欲得令我而不生者，此實不可以欲而得。老法、死法、愁憂慼法、不離憂慼法，欲得令我不憂慼者，此亦不可以欲而得。諸賢！衆生實生苦而不可樂、不可愛念。彼作是念：若我生苦而不可樂、不可愛念者，欲得轉是，令可愛念，此亦不可以欲而得。諸賢！衆生實生樂而可愛念。彼作是念：若我生樂可愛念者，欲得令是常恆久住不變易法，此亦不可以欲而得。諸賢！衆生實生思想而不可樂、不可愛念。彼作是念：若我生思想而不可樂、不可愛念者，欲得轉是，令可愛念，此亦不可以欲而得。諸賢！衆生實生思想而可愛念。彼作是念：若我生思想可愛念者，欲得令是常恆久住不變易法，此亦不可以欲而得。諸賢！說所求不得苦者，因此故說。」

「諸賢！說略五盛陰苦者，此說何因？謂色盛陰，覺、想、行、識盛陰。諸賢！說略五盛陰苦者，因此故說。」

「諸賢！過去時是苦習諦，未來、現在時是苦聖諦，真諦不虛，不離於如，亦非顛倒，真諦審實。合如是諦，聖所有，聖所知，聖所見，聖所了，聖所得，聖所等正覺，是故說苦聖諦。」

「諸賢！云何愛習、苦習聖諦？謂衆生實有愛內六處，眼處、耳、鼻、舌、身、意處，於中若有愛、有膩、有染、有著者，是名爲習。諸賢！多聞聖弟子知我如是知此法，如是見，如是了，如是視，如是覺，是謂愛習苦習聖諦。如是知之，云何知耶？若有愛妻、子、奴婢、給使、眷屬、田地、屋宅、屋宅、店肆、出息財物，爲所作業，有愛、有膩、有染、有著者，是名爲習；彼知此愛習、苦聖聖諦。如是外處，更樂、覺、想、思、愛，亦復如是。諸賢！衆生實有愛六界，地界，水、火、風、空、識界，於中若有愛、有膩、有染、有著者，是名爲習。諸賢！多聞聖弟子知我如是知此法，如是見，如是了，如是視、如是覺，是謂愛習、苦習聖諦。如是知之，云何知耶？若有愛妻、子、奴婢、給使、眷屬、田地、屋宅、店肆、出息財物，爲所作業，有愛、有膩、有染、有著者，是名爲習；彼知是愛習、苦習聖諦。諸賢！過去時是愛習、苦習聖諦，未來、現在時是愛習、苦習聖諦，真諦不虛，不離於如，亦非顛倒，真諦審實。合如是諦，聖所有，聖所知，聖所見，聖所了，聖所得，聖所等正覺，是故說愛習、苦習聖諦。」

「諸賢！云何愛滅、苦滅聖諦？謂衆生實有愛內六處，眼處，耳、鼻、舌、身、意處。彼若解脫，不染不著、斷捨吐盡、無欲、滅、止沒者，是名苦滅。諸賢！多聞聖弟子知我如是知此法，如是見，如是了，如是視，如是覺，是謂愛滅、苦滅聖諦。如是知之，云何知耶？若有不愛妻、子、奴婢、給使、眷屬、田地、店肆、出息財物，不爲所作業，彼若解脫，不染、不著、斷捨吐盡、無欲、滅、止沒者，是名苦滅；彼知是愛滅、苦滅聖諦。如是外處，更樂、覺、想、思、愛亦復如是。諸賢！衆生實有愛六界，地界，水、火、風、空、識界。彼若解脫，不染、不著，斷捨吐盡、無欲、滅、止沒者，是名苦滅。諸賢！多聞聖弟子知我如是知此法，如是見，如是了，如是視，如是覺，是謂愛滅、苦滅聖諦。如是知之，云何知耶？若有不愛妻、子、奴婢、給使、眷屬、田地、屋宅、店肆、出息財物，不爲所作業，彼若解脫，不染不著、斷捨吐盡、無欲、滅、止沒者，是名苦滅；彼知是愛滅、苦滅聖諦。諸賢！過去時是愛滅、苦滅聖諦，未來、現在時是愛滅、苦滅聖諦，真諦不虛，不離於如，亦非顛倒，真諦審實。合如是諦，聖所有，聖所知，聖所見，聖所了，聖所得，聖所等正覺，是故說愛滅、苦滅聖諦。」

「諸賢！云何苦滅道聖諦？謂正見、正志、正語、正業、正命、正方便、正念、正定。諸賢！云何正見？謂聖弟子念苦是苦時，習是習、滅是滅、念道是道時，或觀本所作，或學念諸行，或見諸行災患，或見涅槃止息，或無著念觀善心解脫時，於中擇、遍擇、次擇、擇法、視、遍視，觀察明達，是名正見。」

「諸賢！云何正志？謂聖弟子念苦是苦時，習是習、滅是滅、念道是道時，或觀本所作，或學念諸行，或見諸行災患，或見涅槃止息，或無著念觀善心解脫時，於中心伺、遍伺、隨順伺，可念則念，可望則望，是名正志。」

「諸賢！云何正語？謂聖弟子念苦是苦時，習是習、滅是滅，念道是道時，或觀本所作，或學念諸行，或見諸行災患，或見涅槃止息，或無著念觀善心解脫時，於中除口四妙行，諸餘口惡行遠離除斷，不行不作，不合不會，是名正語。」

「諸賢！云何正業？謂聖弟子念苦是苦時，習是習、滅是滅、念道是道時，或觀本所作，或學念諸行，或見諸行災患，或見涅槃止息，或無著念觀善心解脫時，於中除身三妙行，諸餘身惡行遠離除斷，不行不作，不合不會，是名正業。」

「諸賢！云何正命？謂聖弟子念苦是苦時，習是習、滅是滅、念道是道時，或觀本所作，或學念諸行，或見諸行災患，或見涅槃止息，或無著念觀善心解脫時，於中非無理求，不以多欲無厭足，不為種種伎術咒說邪命活，但以法求衣，不以非法；亦以法求食、床座，不以非法，是名正命。」

「諸賢！云何正方便？謂聖弟子念苦是苦時，習是習、滅是滅、念道是道時，或觀本所作，或學念諸行，或見諸行災患，或見涅槃止息，或無著念觀善心解脫時，於中若有精進方便，一向精勤求，有力趣向，專著不捨，亦不衰退，正伏其心，是名正方便。」

「諸賢！云何正念？謂聖弟子念苦是苦時，習是習、滅是滅、念道是道時，或觀本所作，或學念諸行，或見諸行災患，或見涅槃止息，或無著念觀善心解脫時，於中若心順念、背不向念、念遍、念憶、復憶、心正，不忘心之所應，是名正念。」

「諸賢！云何正定？謂聖弟子念苦是苦時，習是習、滅是滅、念道是道時，或觀本所作，或學念諸行，或見諸行災患，或見涅槃止息，或無著念觀善心解脫時，於中若心住、禪住、順住，不亂不散，攝止正定，是名正定。」

「諸賢！過去時是苦滅道聖諦，未來、現在時是苦滅道聖諦，真諦不虛，不離於如，亦非顛倒，真諦審實。合如是諦，聖所有，聖所知，聖所見，聖所了，聖所得，聖所等正覺，是故說苦滅道聖諦。」於是頌曰：

佛明達諸法，見無量善德，苦習滅道諦，善顯現分別。

尊者舍梨子所說如是，彼諸比丘聞尊者舍梨子所說，歡喜奉行！

何義經

我聞如是：

一時，佛遊舍衛國，在勝林給孤獨園。

爾時，尊者阿難則於晡時從燕坐起，往詣佛所，稽首禮足，卻住一面，白曰：「世尊！持戒爲何義？」

世尊答曰：「阿難！持戒者，令不悔義。阿難！若有持戒者，便得不悔。」

復問：「世尊！不悔爲何義？」

世尊答曰：「阿難！不悔者，令歡悅義。阿難！若有不悔者，便得歡悅。」

喜。」

復問：「世尊！歡悅爲何義？」

世尊答曰：「阿難！歡悅者，令喜義。阿難！若有歡悅者，便得

復問：「世尊！喜爲何義？」

世尊答曰：「阿難！喜者，令止義。阿難！若有喜者，便得止身。」

復問：「世尊！止爲何義？」

世尊答曰：「阿難！止者，令樂義。阿難！若有止者，便得覺樂。」

復問：「世尊！樂爲何義？」

世尊答曰：「阿難！樂者，令定義。阿難！若有樂者，便得定心。」

復問：「世尊！定爲何義？」

世尊答曰：「阿難！定者，令見如實、知如真義。阿難！若有定者，

便得見如實、知如真。」

復問：「世尊！見如實、知如真為何義？」

世尊答曰：「阿難！見如實、知如真者，令厭義。阿難！若有見如實、知如真者，便得厭。」

復問：「世尊！厭為何義？」

世尊答曰：「阿難！厭者，令無欲義。阿難！若有厭者，便得無欲。」

復問：「世尊！無欲為何義？」

世尊答曰：「阿難！無欲者，令解脫義。阿難！若有無欲者，便得解脫一切淫、怒、癡。是為，阿難！因持戒便得不悔，因不悔便得歡悅，因歡悅便得喜，因喜便得止，因止便得樂，因樂便得定。阿難！多聞聖弟子因定便得見如實、知如真，因見如實、知如真，便得厭，因厭便得無欲，因無欲得解脫，因解脫便知解脫：生已盡，梵行已立，所作已辦，不更受有，知如真。阿難！是爲法法相益，法法相因，如是此戒趣至第一，謂度此岸，得至彼岸。」

佛說如是，尊者阿難及諸比丘聞佛所說，歡喜奉行！

念經

我聞如是：

一時，佛遊舍衞國，在勝林給孤獨園。

爾時，尊者告諸比丘：「若比丘多忘無正智，便害正念正智；若無正念正智，便害護諸根、護戒、不悔、歡悅、喜、止、樂、定、見如實、知如真、厭、無欲、解脫；若無解脫，便害涅槃。若比丘不多忘有正智，便習正念正智；若有正念正智，便習護諸根、護戒、不悔、歡悅、喜、止、樂、定、見如實、知如真、厭、無欲、解脫；若有解脫，便習涅槃。」

佛說如是，彼諸比丘聞佛所說，歡喜奉行！

慚愧經

我聞如是：

一時，佛遊舍衞國，在勝林給孤獨園。

爾時，尊者舍梨子告諸比丘：「諸賢！若比丘無慚無愧，便害愛恭敬；若無愛恭敬，便害其信；若無其信，便害正思惟；若無正思惟，便害正念正智；若無正念正智，便害護諸根、護戒、不悔、歡悅、喜、止、樂、定、見如實、知如真、厭、無欲、解脫；若無解脫，便害涅槃。諸賢！猶如有樹，若害外皮，則內皮不成；內皮不成，則莖、幹、心、節、枝、葉、華、實皆不得成。諸賢！當知比丘亦復如是，若無慚無愧，便害愛恭敬；若無愛恭敬，便害其信；若無其信，便害正思惟；若無正思惟，便害正念正智；若無正念正智，便害護諸根、護戒、不悔、歡悅、喜、止、樂、定、見如實、知如真、厭、無欲、解脫；若無解脫，便害涅槃。」

「諸賢！若比丘有慚有愧，便習愛恭敬；若有愛恭敬，便習其信；若有其信，便習正思惟；若有正思惟，便習正念正智；若有正念正智，便習護諸根、護戒、不悔、歡悅、喜、止、樂、定、見如實、知如真、厭、無欲、解脫；若有解脫，便習涅槃。諸賢！猶如有樹，不害外皮，則內皮得成；內皮得成，則莖、幹、心、節、枝、葉、華、實皆得成就。諸賢！當知比丘亦復如是，若有慚有愧，便習愛恭敬；若有愛恭敬，便習其信；若有其信，便習正思惟；若有正思惟，便習正念正智；若有正念正智，便習護諸根、護戒、不悔、歡悅、喜、止、樂、定、見如實、知如真、厭、無欲、解脫。，若有解脫，便習涅槃。」

尊者舍梨子所說如是，彼諸比丘聞尊者舍梨子所說，歡喜奉行！

本際經

我聞如是：

一時，佛遊舍衛國，在勝林給孤獨園。

爾時，世尊告諸比丘：「有愛者，其本際不可知：本無有愛，然今生有愛。便可得知：所因有愛。有愛者，則有習，非無習。何謂有愛習？答曰：『無明爲習』。無明亦有習非無習。何謂無明習？答曰：『五蓋爲習』。五蓋亦有習，非無習。何謂五蓋習？答曰：『三惡行爲習。』三惡行亦有習，非無習。何謂三惡行習？答曰：『不護諸根爲習。』」

「不護諸根亦有習，非無習。何謂不護諸根習？答曰『不正念、不正智為習。』不正念、不正智亦有習，非無習。何謂不正念、不正智習？答曰：『不正思惟為習。』不正思惟亦有習，非無習。何謂不正思惟習？答曰：『不信為習。』不信亦有習，非無習。何謂不信習？答曰：『聞惡法為習。』聞惡法亦有習，非無習。何謂聞惡法習？答曰：『親近惡知識為習。』親近惡知識亦有習，非無習。何謂親近惡知識習？答曰：『惡人為習。』」

「是為具惡人已，便具親近惡知識；具親近惡知識已，便具聞惡法；具聞惡法已，便具生不信；具生不信已，便具不正思惟；具不正思惟已，便具不正念、不正智；具不正念、不正智已，便具不護諸根；具不護諸根已，便具三惡行；具三惡行已，便具五蓋；具五蓋已，便具無明；具無明已，便具有愛。如是此有愛展轉具成。」

「明、解脫亦有習，非無習。何謂明、解脫習？答曰：『七覺支為習。』七覺支亦有習，非無習。何謂七覺支習？答曰：『四念處爲習。』四念處亦有習，非無習。何謂四念處習？答曰：『三妙行爲習。』三妙行亦有習，非無習。何謂三妙行習？答曰：『護諸根爲習。』護諸根亦有習，非無習。何謂諸根習？答曰：『正念、正智爲習。』正念、正智亦有習，非無習。何謂正念、正智習？答曰：『正思惟爲習。』正思惟亦有習，非無習。何謂正思惟習？答曰：『信爲習。』信亦有習，非無習。何謂信習？答曰：『聞善法爲習。』聞善法亦有習，非無習。何謂聞善法習？答曰：『親近善知識爲習。』親近善知識亦有習，非無習。何謂親近善知識習？答曰：『善人爲習。』」

「是爲具善人已，便具親近善知識；具親近善知識已，便具聞善法；具聞善法已，便具生信；具生信已，便具正思惟；具正思惟已，便具正念、正智；具正念、正智已，便具護諸根；具護諸根已，便具三妙行；具三妙行已，便具四念處；具四念處已，便具七覺支；具七覺支已，便具明、解脫。如是此明，解脫展轉具成。」

佛說如是，彼諸比丘聞佛所說，歡喜奉行！

盡智經

我聞如是：

一時，佛遊拘樓瘦，在劍摩瑟曇拘樓都邑。

爾時，世尊告諸比丘：「有知有見者，便得漏盡，非不知，非不見。云何知見便得漏盡？謂知見苦如真，便得漏盡；知見若集、知見苦滅、知見苦滅道如真，便得漏盡。盡智有習，非無習。何謂盡智習？答曰：『解脫為習。』解脫亦有習，非無習。何謂解脫習？答曰：『無欲為習。』無欲亦有習，非無習。何謂無欲習？答曰：『厭為習。』厭亦有習，非無習。何謂厭習？』答曰：『見如實、知如真為習。』見如實、知如真亦有習，非無習。何謂見如實、知如真習？答曰：『定為習。』定亦有習，非無習。何謂定習？答曰：『樂為習。』樂亦有習，非無習。何謂樂習？答曰：『止為習。』止亦有習，非無習。何謂止習？答曰：『喜為習。』喜亦有習，非無習。何謂喜習？答曰：『歡悅為習。』歡悅亦有習，非無習。何謂歡悅習？答曰：『不悔為習。』」

「不悔亦有習，非無習。何謂不悔習？答曰：『護戒為習。』護戒亦有習，非無習。何謂護戒習？答曰：『護諸根為習。』護諸根亦有習，非無習。何謂護諸根習？答曰：『正念、正智為習。』正念、正智亦有習，非無習。何謂正念、正智習？答曰：『正思惟為習。』正思惟亦有習，非無習。何謂正思惟習？答曰：『信為習。』信亦有習，非無習。何謂信習？答曰：『觀法忍為習。』觀法忍亦有習，非無習。何謂觀法忍習？答曰：『翫誦法為習。』翫誦法亦有習，非無習何謂翫誦法習？答曰：『受持法為習。』受持法亦有習，非無習。何謂受持法習？答曰：『觀法義為習。』觀法義亦有習，非無習。何謂觀法義習？答曰：『耳界為習。』耳界亦有習，非無習。何謂耳界習？答曰：聞善法為習。？聞善法亦有習，非無習。何謂聞善法習？答曰：『往詣為習。』往詣亦有習，非無習。何謂往詣習？答曰：『奉事為習。』

「若有奉事善知識者，未聞便聞，已聞便利。如是善知識若不奉事者，便害奉事習；若無奉事，便害往詣習；若無往詣，便害聞善法習；若不聞善法，便害耳界習；若無耳界，便害觀法義習；若無觀法義，便害受持法習；若無受持法，便害翫誦法習；若無翫誦法，便害觀法忍習；若無觀法忍，便害信習；若無信，便害正思惟習；若無正思惟，便害正念、正智習；若無正念、正智，便害護諸根、護戒、不悔、歡悅、喜、止、樂、定、見如實、知如真、厭、無欲、解脫習；若無解脫，便害盡智習

「若奉事善知識者，未聞便聞，已聞便利。如是善知識，若奉事者，便習奉事；若有奉事，便習往詣；若有往詣，便習聞善法；若有聞善法，便習耳界；若有耳界，便習觀法義；若有觀法義，便習受持法；若有受持法，便習翫誦法；若有翫誦法，便習觀法忍；若有觀法忍，便習信；若有信，便習正思惟；若有正思惟，便習正念、正智；若有正念、正智，便習護諸根、護戒、不悔、歡悅、喜、止、樂、定、見如實、知如真、厭、無欲、解脫；若有解脫，便習盡智。」

佛說如是，彼諸比丘聞佛所說，歡喜奉行！

七寶經

我聞如是：

一時，佛遊舍衞國，在勝林給孤獨園。

爾時，世尊告諸比丘：「若轉輪王出於世時，當知便有七寶出世。云何爲七？輪寶、象寶、馬寶、珠寶、女寶、居士寶、主兵臣寶，是謂爲七。若轉輪王出於世時，當知有此七寶出世；如是如來、無所著、等正覺出於世時，當知亦有七覺支寶出於世間。云何爲七？念覺支寶、擇法覺支、精進覺支、喜覺支、息覺支、定覺支、捨覺支寶，是謂爲七。如來、無所著、等正覺出於世時，當知有此七覺支寶出於世間。」

佛說如是，彼諸比丘聞佛所說，歡喜奉行。

頻鞞娑邏王迎佛經

我聞如是：

一時，佛遊摩竭陀國，與大比丘衆俱，比丘一千悉無著、至真，本皆編髮，往詣王舍城摩竭陀邑。於是，摩竭陀王頻鞞娑邏聞世尊遊摩竭陀國，與大比丘衆俱，比丘一千悉無著、至真，本皆編髮，來此王舍城摩竭陀邑。摩竭陀王頻鞞娑邏聞已，即集四種軍，象軍、馬軍、車軍、步軍。集四種軍已，與無數衆俱，長一由延，往詣佛所。於是，世尊遙見摩竭陀王頻鞞娑邏來，則便避道，往至善住尼拘類樹王下，敷尼師檀，結跏趺坐，及比丘衆。

摩竭陀王頻鞞娑邏遙見世尊在林樹間，端正姝好，猶星中月，光耀煒曄晃若金山，相好具足，威神巍巍，諸根寂定，無有蔽礙，成就調御，息心靜默。見已下車，若諸王剎利以水灑頂，得爲人主，整御大地，有五儀式：一者劍，二者蓋，三者天冠，四者珠柄拂，五者嚴飾履，一切除卻，及四種軍。步進詣佛，到已作禮，三自稱名姓：「世尊！我是摩竭陀王洗尼頻鞞娑邏。」如是至三。於是，世尊告曰：「大王！如是！如是！汝是摩竭陀王洗尼頻鞞娑邏。」

於是，摩竭陀王洗尼頻鞞娑邏再三自稱名姓已，爲佛作禮，卻坐一面。諸摩竭陀人或禮佛足，卻坐一面；或問訊佛，卻坐一面；或叉手向佛，卻坐一面；或遙見佛已，默然而坐。

爾時，尊者鬱毗羅迦葉，亦在衆坐，尊者鬱毗羅迦葉，是摩竭陀人。意之所係，謂大尊師是無著真人。於是，摩竭陀人悉作是念：沙門瞿曇從鬱毗羅迦葉學梵行耶？爲鬱毗羅迦葉從沙門瞿曇學梵行耶？爾時，世尊即知摩竭陀人心之所念，便向尊者鬱毗羅迦葉而說頌曰：

鬱毗見何等？斷火來就此；迦葉為我說，所由不事火。
飲食種種味，為欲故事火；生中見如此，是故不樂事。
迦葉意不樂，飲食種種味；何不樂天人？迦葉為我說。
見寂靜滅盡，無為不欲有，更無有尊天，是故不事火。
世尊為最勝，世尊不邪思，了解覺諸法，我受最勝法。

於是，世尊告曰：「迦葉！汝今當爲現如意足，令此衆會咸得信樂。」於是，尊者鬱毗羅迦葉，即如其像作如意足，便在坐没，從東方出，飛騰虛空，現四種威儀：一行、二住、三坐、四臥。復次，入於火定。尊者鬱毗羅迦葉入火定已，身中便出種種火焰，青、黃、赤、白中水精色，下身出火，上身出水；上身出火，下身出水。如是南、西、北方，飛騰虛空，現四種威儀：一行、二住、三坐、四臥。復次，入於火定。尊者欝毗羅迦葉入火定已，身中便出種種火焰，青、黃、赤、白中水精色，下身出火，上身出水；上身出火，下身出水。

於是，尊者欝毗羅迦葉止如意足已，爲佛作禮，白曰：「世尊！佛是我師，我是佛弟子，佛一切智，我無一切智。」世尊告曰：「如是，迦葉！如是，迦葉！我有一切智，汝無一切智。」爾時，尊者欝毗羅迦葉因自己故，而說頌曰：

昔無所知時，為解脫事火；雖老猶生盲，邪不見真際。

我今見上跡，無上龍所說；無為盡脫苦，見已生死盡。

諸摩竭陀人見如此已，便作是念：沙門瞿曇不從欝毗羅迦葉學梵行，欝毗羅迦葉從沙門瞿曇學梵行也。

世尊知諸摩竭陀人心之所念，便爲摩竭陀王洗尼頻鞞娑邏說法，勸發渴仰，成就歡喜。無量方便爲彼說法，勸發渴仰，成就歡喜已，如諸佛法，先說端正法，聞者歡悅。謂說施、說戒、說生天法，毀訾欲爲災患，生死爲穢，稱歎無欲爲妙道品白淨。

世尊爲彼大王說之，佛已知彼有歡喜心，具足心、柔軟心、堪耐心、昇上心、一向心、無疑心、無蓋心，有能、有力堪受正法。謂如諸佛所說正要，世尊即爲彼說苦、集、滅、道：「大王！色生滅，汝當知色生滅。大王！覺、想、行、識生滅，汝當知識生滅。大王！猶如大雨時，水上之泡或生或滅。大王！色生滅亦如是，汝當知色生滅。大王！覺、想、行、識生滅，汝當知識生滅。」

「大王！若族姓子知色生滅，便知不復生當來色。大王！若族姓子知覺想行識生滅，便知不復生當來識。大王！若族姓子知色如真，便不著色，不計色，不染色、不住色、不樂色是我。大王！若族姓子知覺、想、行、識如真，便不著識，不計識，不染識，不住識，不樂識是我。大王！若族姓子不著色，不計色，不染色，不住色，不樂色是我者，便不復更受當來色。大王！若族姓子不著覺、想、行、識，不計識，不染識，不住識，不樂識是我者，便不復更受當來識。大王！此族姓子無量、不可計、無限，得息寂。若捨此五陰已，則不更受陰也。」於是，諸摩竭陀人而作是念：若使色無常，覺、想、行、識無常者，誰活？誰受苦樂？

世尊即知摩竭陀人心之所念，便告比丘：「愚癡凡夫不有所聞，見我是我而著於我，但無我、無我所，空我、空我所，法生則生，法滅則滅，皆由因緣合會生苦。若無因緣，諸苦便滅；衆生因緣會相連續則生諸法。如來見衆生相連續生已，便作是說：有生有死，我以清淨天眼出過於人，見此衆生死時、生時，好色、惡色，或妙、不妙，往來善處及不善處，隨此衆生之所作業，見其如真。」

「若此衆生成就身惡行，口、意惡行，誹謗聖人，邪見成就邪見業；彼因緣此，身壞命終，必至惡處，生地獄中。若此衆生成就身善行，口、意善行，不誹謗聖人，正見成就正見業；彼因緣此，身壞命終，必昇善處，乃至天上。我知彼如是，然不語彼。此是我爲能覺、能語、作教、作起、教起，謂彼彼處受善惡業報。於中或有作是念：此不相應，此不得住，其行如法。因此生彼，若無此因便不生彼；因此有彼，若此滅者，彼便滅也。所謂緣無明有行，乃至緣生有老死；若無明滅，則行便滅，乃至生滅則老死滅。大王！於意云何？色爲有常？爲無常耶？」

答曰：「無常也，世尊！」

復問曰：「若無常者，是苦？非苦耶？」

答曰：「苦、變易也，世尊！」

復問曰：「若無常、苦、變易法者，是多聞聖弟子頗受『是我，是我所，我是彼所』耶？」

答曰：「不也，世尊！」

「大王！於意云何？覺、想、行、識爲有常？爲無常耶？」

答曰：「無常也，世尊！」

復問曰：「若無常者，是苦？非苦耶？」

答曰：「苦、變易也，世尊！」

復問曰：「若無常、苦、變易法者，是多聞聖弟子頗受『是我，是我所，我是彼所』耶？」

答曰：「不也，世尊！」

「大王！是故汝當如是學：若有色，或過去、或未來、或現在，或內、或外，或麤、或細，或好、或惡，或近、或遠；彼一切非我，非我所，我非彼所，當以慧觀知如真。大王！若有覺、想、行、識，或過去、或未來、或現在，或內、或外，或麤、或細，或好、或惡，或近、或遠；彼一切非我，非我所，我非彼所，當以慧觀知如真。大王！若多聞聖弟子如是觀者，彼便厭色，厭覺、想、行、識；厭已便無欲；無欲已便得解脫；解脫已便知解脫：生已盡，梵行已立，所作已辦，不更受有，知如真。」

佛說此法時，摩竭陀王洗尼頻鞞娑邏遠塵離垢，諸法法眼生，及八萬天、摩竭陀諸人萬二千遠塵離垢，諸法法眼生。於是，摩竭陀王洗尼頻鞞娑邏見法得法，覺白淨法，斷疑度惑，更無餘尊，不復從他，無有猶豫，已住果證，於世尊法得無所畏，即從坐起，稽首佛足，白曰：「世尊！我今歸於佛、法及比丘衆，唯願世尊受我爲優婆塞！從今日始，終身自歸，乃至命盡。」

佛說如是，摩竭陀王洗尼頻鞞娑邏及八萬天、摩竭陀諸人萬二千及千比丘聞佛所說，歡喜奉行！

天使經

我聞如是：

一時，佛遊舍衛國，在勝林給孤獨園。

爾時，世尊告諸比丘：「我以淨天眼出過於人，見此衆生死時、生時，好色、惡色，或妙、不妙，往來善處及不善處，隨此衆生之所作業，見其如真。若此衆生成就身惡行，口、意惡行，誹謗聖人，邪見、成就邪見業，彼因緣此，身壞命終，必至惡處，生地獄中。若此衆生成就身妙行，口、意妙行，不誹謗聖人，正見、成就正見業，彼因緣此，身壞命終，必昇善處，乃生天上。」

「猶大雨時，水上之泡，或生或滅，若有目人住一處，觀生時、滅時；我亦如是，以淨天眼出過於人，見此衆生死時、生時，好色、惡色，或妙、不妙，往來善處及不善處，隨此衆生之所作業，見其如真。若此衆生成就身惡行，口、意惡行，誹謗聖人，邪見、成就邪見業，彼因緣此，身壞命終，必至惡處，生地獄中。若此衆生成就身妙行，口、意妙行，不誹謗聖人，正見、成就正見業，彼因緣此，身壞命終，必昇善處，乃生天上。」

「猶大雨時，雨墮之滴，或上或下，若有目人住一處，觀上時、下時；我亦如是，以淨天眼出過於人，見此衆生死時、生時，好色、惡色，或妙、不妙，往來善處及不善處，隨此衆生之所作業，見其如真。若此衆生成就身惡行，口、意惡行，誹謗聖人，邪見、成就邪見業，彼因緣此，身壞命終，必至惡處，生地獄中。若此衆生成就就身妙行、口、意妙行，不誹謗聖人，正見、成就正見業，彼因緣此，身壞命終，必昇善處，乃生天上。」

「猶琉璃珠，清淨自然，生無瑕穢，八楞善治，貫以妙繩，或青或黃，或赤、黑、白，若有目人住一處，觀此琉璃珠，清淨自然，生無瑕穢，八楞善治，貫以妙繩，或青或黃，或赤、黑、白；我亦如是，以淨天眼出過於人，見此眾生死時、生時，好色、惡色，或妙、不妙，往來善處及不善處，隨此眾生之所作業，見其如真。若此眾生成就身惡行，口、意惡行，誹謗聖人，邪見、成就邪見業，彼因緣此，身壞命終，必至惡處，生地獄中。若此眾生成就身妙行，口、意妙行，不誹謗聖人，正見、成就正見業，彼因緣此，身壞命終，必昇善處，乃生天上。」

「猶如兩屋共一門，多人出入，若有目人住一處，觀出時、入時；我亦如是，以淨天眼出過於人，見此眾生死時、生時，好色、惡色，或妙、不妙，往來善處及不善處，隨此衆生之所作業，見其如真。若此衆生成就身惡行，口、意惡行，誹謗聖人，邪見、成就邪見業，彼因緣此，身壞命終，必至惡處，生地獄中。若此衆生成就身妙行，口、意妙行，不誹謗聖人，正見、成就正見業，彼因緣此，身壞命終，必昇善處，乃至天上。」

「若有目人住高樓上，觀於下人往來周旋、坐臥走踊；我亦如是，以淨天眼出過於人，見此衆生死時、生時，好色、惡色，或妙、不妙，往來善處及不善處，隨此衆生之所作業，見其如真。若此衆生成就身惡行，口、意惡行，誹謗聖人，邪見、成就邪見業，彼因緣此，身壞命終，必至惡處，生地獄中。若此衆生成就身妙行，口、意妙行，不誹謗聖人，正見、成就正見業，彼因緣此，身壞命終，必昇善處，乃生天上。」

「若有衆生生於人間，不孝父母，不知尊敬沙門、梵志，不行如實，不作福業，不畏後世罪，彼因緣此，身壞命終，生閻王境界。閻王人收送詣王所，白曰：『天王！此衆生本爲人時，不孝父母，不知尊敬沙門、梵志，不行如實，不作福業，不畏後世罪，唯願天王處當其罪。』於是，閻王以初天使善問、善撿、善教、善訶：『汝頗曾見初天使來耶。』彼人答曰：『不見也，天王！』閻王復問：『汝本不見一村邑中，或男或女，幼小嬰孩身弱柔軟，仰向自臥大小便中，不能語父母，父母抱移離不淨處，澡浴其身，命得淨潔？』彼人答曰：『見也，天王！』閻王復問：『汝於其後有識知時，何不作是念：我自有生法，不離於生，我應行妙身、口、意業？』彼人白曰：『天王！我了敗壞，長衰永失耶？』閻王告白：『汝了敗壞，長衰永失！今當考汝，今當考汝，如治放逸行、放逸人。汝此惡業，非父母爲，非王非天，亦非沙門、梵志所爲，汝本自作惡不善業，是故汝今必當受報。』」

「閻王以此初天使善問、善撿、善教、善訶已，復以第二天使善問、善撿、善教、善訶：『汝頗曾見第二天使來耶？』彼人答曰：『不見也，天王！』閻王復問：『汝本不見一村邑中，或男或女，年耆極老，壽過苦極，命垂欲訖，齒落頭白，身曲僂步，拄杖而行，身體戰動耶？』彼人答曰：『見也，天王！』閻王復問：『汝於其後有識知時，何不作是念：我自有老法，不離於老，我應行妙身、口、意業？』彼人白曰：『天王！我了敗壞，長衰永失耶？』閻王告曰：『汝了敗壞，長衰永失！今當考汝，如治放逸行、放逸人。汝此惡業，非父母為，非王非天，亦非沙門、梵志所為，汝本自作惡不善業，是故汝今必當受報。』」

「閻王以此第二天使善問、善撿、善教、善訶已，復以第三天使善問、善撿、善教、善訶：『汝頗曾見第三天使來耶？』彼人答曰：『不見也，天王！』閻王復問：『汝本不見一村邑中，或男或女，疾病困篤，或坐臥床，或坐臥榻，或坐臥地，身生極苦甚重苦，不可愛念，令促命耶？』

彼人答曰：『見也，天王！』閻王復問：『汝於其後有識知時，何不作是念：我自有病法，不離於病，我應行妙身、口、意業？』彼人白曰：『天王！我了敗壞，長衰永失耶？』閻王告曰：『汝了敗壞，長衰永失！今當考汝，如治放逸行、放逸人。汝此惡行，非父母爲，非王非天，亦非沙門、梵志所爲，汝本自作惡不善業，是故汝今必當受報。』」

「閻王以此第三天使善問、善撿、善教、善訶已，復以第四天使善問、善撿、善教、善訶：『汝頗曾見第四天使來耶？』彼人答曰：『不見也，天王！』閻王復問：『汝本不見一村邑中，或男或女，若死亡時，或一、二日至六、七日，烏鵶所啄，豺狼所食，或以火燒，或埋地中，或爛腐壞耶？』彼人答曰：『見也，天王！』閻王復問：『汝於其後有識知時，何不作是念：我自有死法，不離於死，我應行妙身、口、意業？』彼人白曰：『天王！我了敗壞，長衰永失耶？』閻王告曰：『汝了敗壞，長衰永失！今當考汝，如治放逸行、放逸人。汝此惡業，非父母爲，非王非天，亦非沙門、梵志所爲，汝本自作惡不善業，是故汝今必當受報。』」

「閻王以此第四天使善問、善撿、善教、善訶已，復以第五天使善問、善撿、善教、善訶：『汝頗曾見第五天使來耶？』彼人答曰：『不見也，天王！』閻王復問：『汝本不見王人捉犯罪人種種考治，截手、截足，或截手足，截耳、鼻，或截耳鼻，或臠臠割，拔鬚、拔髮，或拔鬚髮，或著檻中衣裹火燒，或以沙壅草纏火燒，或內鐵驢腹中，或著鐵豬口中，或置鐵虎口中燒，或安銅釜中，或著鐵釜中煮，或段段截，或利叉刺，或以鉤鉤，或臥鐵床以沸油澆，或坐鐵臼以鐵杵擣，或以龍蛇蜇，或以鞭鞭，或以杖撾，或以棒打，或生貫高標上，或梟其首耶？』彼人答曰：『見也，天王！』閻王復問：『汝於其後有識知時，何不作是念：我今現見惡不善法？』彼人白曰：『天王！我了敗壞，長衰永失耶？』閻王告曰：『汝了敗壞，長衰永失！今當考汝，如治放逸行、放逸人。汝此惡業，非父母爲，非王非天，亦非沙門、梵志所爲，汝本自作惡不善業，是故汝今必當受報。』閻王以此第五天使善問，善撿、善教、善訶已，即付獄卒，獄卒便捉持，著四門大地獄中。於是頌曰：

四柱有四門，壁方十二楞，以鐵為垣牆，其上鐵覆蓋。
地獄內鐵地，熾燃鐵火布，深無量由延，乃至地底住。
極惡不可受，火色難可視，見已身毛豎，恐懼怖甚苦。
彼墮生地獄，腳上頭在下，誹謗諸聖人，調御善清善。

「有時於後極大久遠，爲彼衆生故，四門大地獄東門便開；東門開已，彼衆生等來趣向，欲求安處，求所歸依。彼若集聚無量百千已，地獄東門便還自閉；彼於其中受極重苦，啼哭喚呼，心悶臥地，終不得死，要令彼惡不善業盡。極大久遠，南門、西門、北門復開；北門開已，彼衆生等走來趣向，欲求安處，求所歸依。彼若集聚無量百千已，地獄北門復還自閉；彼於其中受極重苦，啼哭喚呼，心悶臥地，終不得死，要令彼惡不善業盡。」

「復於後時極大久遠，彼衆生等從四門大地獄出，四門大地獄次生峯巖地獄，火滿其中，無煙無焰，令行其上，往來周旋。彼之兩足皮肉及血，下足則盡，舉足則生，還復如故。治彼如是無量百千歲，受極重苦，終不得死，要令彼惡不善業盡。」

「復於後時極大久遠，彼衆生等從峯巖大地獄出，峯巖大地獄次生糞屎大地獄，滿中糞屎，深無量百丈，彼衆生等盡墮其中。彼糞屎大地獄中生衆多蟲，蟲名凌瞿來，身白頭黑，其嘴如針，此蟲鑽破彼衆生足；破彼足已，復破膊腸骨；破膊腸骨已，復破髀骨；破髀骨已，復破髖骨；破髖骨已，復破脊骨；破脊骨已，復破肩骨、頸骨、頭骨；破頭骨已，食頭腦盡。彼衆生等如是逼迫無量百千歲，受極重苦，終不得死，要令彼惡不善業盡。」

「復於後時極大久遠，彼衆生等從糞屎大地獄出，糞屎大地獄次生鐵鍱林大地獄。彼衆生見已，起清涼想，便作是念：我等往彼，快得清涼。彼衆生等走往趣向，欲求安處，求所歸依。彼若集聚無量百千已，便入鐵鍱林大地獄中，彼鐵鍱林大地獄中，四方則有大熱風來；熱風來已，鐵鍱便落；鐵鍱落時，截手、截足，或截手足，截耳、截鼻，或截耳鼻及餘支節，截身血塗無量百千歲，受極重苦，終不得死，要令彼惡不善業盡。復次，彼鐵鍱林大地獄中生極大狗，牙齒極長，齧彼衆生，從足剝皮，至頭便食；從頭剝皮，至足便食。彼衆生等如是逼迫無量百千歲，受極重苦，終不得死，要令彼惡不善業盡。復次，彼鐵鍱林大地獄中生大烏鳥，兩頭鐵喙，住衆生額，生挑眼吞，喙破頭骨，取腦而食。彼衆生等如是逼迫無量百千歲，受極重苦，終不得死，要令彼惡不善業盡。」

「復於後時極大久遠，彼衆生等從鐵鍱林大地獄出，鐵鍱林大地獄次生鐵劍樹林大地獄，彼大劍樹高一由延，刺長尺六，令彼衆生使緣上下；彼上樹時，刺便下向；若下樹時，刺便上向。彼劍樹刺貫刺衆生，刺手、刺足，或刺手足，刺耳、刺鼻，或刺耳鼻及餘支節，刺身血塗無量百千歲，受極重苦，終不得死，要令彼惡不善業盡。」

「復於後時極大久遠，彼衆生等從鐵劍樹林大地獄出，鐵劍樹林大地獄次生灰河，兩岸極高，周遍生刺，沸灰湯滿，其中極闇。彼衆生見已，起冷水想：當有冷水。彼起想已，便作是念：我等往彼，於中洗浴，恣意飽飲，快得涼樂。彼衆生等競走趣向，入於其中，欲求樂處，求所歸依。彼若集聚無量百千已，便墮灰河；墮灰河已，順流、逆流，或順逆流。彼衆生等順流、逆流、順逆流時，皮熟墮落，內熟墮落，或皮肉熟俱時墮落，唯骨髁在。灰河兩岸有地獄卒，手捉刀劍、大棒、鐵叉，彼衆生等欲度上岸，彼時獄卒還推著中。」

「復次，灰河兩岸有地獄卒，手捉鈎羂，鈎挽衆生從灰河出，著熱鐵地，洞燃俱熾，舉彼衆生極撲著地，在地旋轉，而問之曰：『汝從何來？』彼衆生等僉共答曰：『我等不知所從來處，但我等今唯患大飢。』彼地獄卒便捉衆生著熱鐵床，洞然俱熾，强令坐上，以熱鐵鉗鉗開其口，以熱鐵丸洞燃俱熾，著其口中。彼熱鐵丸燒脣，燒脣已燒舌，燒舌已燒齗，燒齗已燒咽，燒咽已燒心，燒心已燒大腸，燒大腸已燒小腸，燒小腸已燒胃，燒胃已從身下過。彼如是逼迫無量百千歲，受極重苦，終不得死，要令彼惡不善業盡。」

「復次，彼地獄卒問衆生曰：『汝欲何去？』衆生答曰：『我等不知欲何所去，但患大渴。』彼地獄卒便捉衆生著熱鐵床，洞然俱熾，强令坐上，以熱鐵鉗鉗開其口，以沸洋銅灌其口中。彼沸洋銅燒脣，燒脣已燒舌，燒舌已燒齗，燒齗已燒咽，燒咽已燒心，燒心已燒大腸，燒大腸已燒小腸，燒小腸已燒胃，燒胃已從身下過。彼如是逼迫無量百千歲，受極重苦，終不得死。要令彼惡不善業盡。」

「若彼衆生地獄惡不善業不悉盡、不一切盡、盡無餘者，彼衆生等復墮灰河中，復上下鐵劍樹林大地獄，復入鐵鍱林大地獄，復墮糞屎大地獄，復往來峯巖大地獄，復入四門大地獄中。若彼衆生地獄惡不善業悉盡、一切盡、盡無餘者，彼於其後或入畜生，或墮餓鬼，或生天中。若彼衆生本爲人時，不孝父母，不知尊敬沙門、梵志，不行如實，不作福業，不畏後世罪，彼受如是不愛、不念、不喜苦報，譬猶若彼地獄之中。若彼衆生本爲人時，孝順父母，知尊敬沙門、梵志，行如實事，作福德業，畏後世罪，彼受如是可愛、可念、不喜樂報，猶虛空神宮殿之中。」

「昔日閻王在園觀中而作是願：我此命終，生於人中，若有族姓極大富樂，資財無量，畜牧產業不可稱計，封戶食邑種種具足，彼爲云何？謂剎利大長者族、梵志大長者族、居士大長者族。若更有如是族極大富樂，資財無量，畜牧產業不可稱計，封戶食邑種種具足，生如是家。生已覺根成就，如來所說正法之律，願得淨信。得淨信已，剃除鬚髮，著袈裟衣，至信捨家無家學道。族姓子所爲剃除鬚髮，著袈裟衣，至信捨家無家學道者，唯無上梵行訖，於現法中自知自覺，自作證成就遊：生已盡，梵行已立，所作已辦，不更受有，知如真。」

「昔者閻王在園觀中而作是願。於是頌曰：

為天使所訶，人故放逸者，長夜則憂慼，謂弊欲所覆。

為天使所訶，真實有上人，終不復放逸，善說妙聖法。

見受使恐怖，求願生老盡；無受滅無餘，便為生老訖。

彼到安隱樂，現法得滅度；度一切恐怖，亦度世間流。」

佛說如是，彼諸比丘聞佛所說，歡喜奉行。

大善見王經

我聞如是：

一時，佛遊拘尸城，住惒跋單力士娑羅林中。

爾時，世尊最後欲取般涅槃時，告曰：「阿難！汝往至雙娑羅樹間，可爲如來北首敷床，如來中夜當般涅槃。」尊者阿難受如來教，即詣雙樹，於雙樹間而爲如來北首敷床。敷床已訖，還詣佛所，稽首禮足，卻住一面，白曰：「世尊！已爲如來於雙樹間北首敷床，唯願世尊自當知時！」於是，世尊將尊者阿難至雙樹間，四疊鬱多羅僧以敷床上，襞僧伽梨作枕，右脅而臥，足足相累，最後欲取般涅槃。

時，尊者阿難執拂侍佛，尊者阿難叉手向佛，白曰：「世尊！更有餘大城，一名瞻波，二名舍衛，三名鞞舍離，四名王舍城，五名波羅㮈，六名加維羅衛，世尊不於彼般涅槃，何故正在此小土城？諸城之中此最爲下。」

是時，世尊告曰：「阿難！汝莫說此爲小土城，諸城之中此最爲下。所以者何？乃過去時，此拘尸城名拘尸王城，極大豐樂，多有人民。阿難！拘尸王城長十二由延，廣七由延。阿難！造立樓櫓，高如一人，或二、三、四至高七人。阿難！拘尸王城於外周匝有壍七重，其壍則以四寶塼壘：金、銀、琉璃及水精。其底布以四種寶沙：金、銀、琉璃及水精。阿難！拘尸王城周匝外有垣牆七重，其牆亦以四寶塼壘：金、銀、琉璃及水精。阿難！拘尸王城周匝七重，行四寶多羅樹：金、銀、琉璃及水精，金多羅樹銀葉華實，銀多羅樹金葉華實，琉璃多羅樹水精葉華實，水精多羅樹琉璃葉華實。

「阿難！彼多羅樹間作種種華池：青蓮華池，紅蓮、赤蓮、白蓮華池。阿難！其華池岸四寶塼壘：金、銀、琉璃及水精。其底布以四種寶沙：金、銀、琉璃及水精。阿難！彼池中有四寶梯陛：金、銀、琉璃、及水精，金陛銀蹬，銀階金蹬，琉璃陛水精蹬，水精陛琉璃蹬。阿難！彼池周匝有四寶鉤欄：金、銀、琉璃、及水精，金欄銀鉤，銀欄金鉤，琉璃欄水精鉤，水精欄琉璃鉤。阿難！彼池覆以羅網，鈴懸其間，彼鈴四寶：金、銀、琉璃及水精，金鈴銀舌，銀鈴金舌，琉璃鈴水精舌，水精鈴琉璃舌。」

「阿難！於彼池中殖種種水華：青蓮華，紅蓮、赤蓮、白蓮華，常水常華，無守視者，通一切人。阿難！於彼池岸殖種種陸華：修摩那華、婆師華、瞻蔔華、修犍提華、摩頭犍提華、阿提牟哆華、波羅頭華。阿難！

其華池岸有衆多女，身體光澤，皎潔明淨，美色過人，少不及天，姿容端正，睹者歡悅，衆寶瓔珞，嚴飾具足。彼行惠施，隨其所須，飲食、衣被、車乘、屋舍、床褥、氍毹、給使、明燈，悉以與之。」

「阿難！其多羅樹葉，風吹之時，有極上妙音樂之聲，猶五種妓工師作樂，極妙上好諧和之音。阿難！其多羅樹葉，風吹之時，亦復如是。阿難！拘尸城中設有弊惡極下之人，其有欲得五種妓樂者，即共往至多羅樹間，皆得自恣，極意娛樂。阿難！拘尸王城常有十二種聲，未曾斷絕，象聲、馬聲、車聲、步聲、吹螺聲、鼓聲、薄洛鼓聲、伎鼓聲、歌聲、舞聲、飲食聲、惠施聲。」

「阿難！拘尸城中有王，名大善見，爲轉輪王，聰明智慧，有四種軍，整御天下，由己自在，如法法王成就七寶，得人四種如意之德。云何成就七寶，得人四種如意之德？如前所說七寶，四種人如意之德。阿難！

於是，拘尸王城梵志、居士，多取珠寶、鉗婆羅寶，載詣大善見王，白曰：『天王！此多珠寶，鉗婆羅寶，天王當爲見慈愍故，願垂納受。』大善見王告梵志、居士曰：『卿等送獻，我所不須，吾亦自有。』」

「阿難！復有八萬四千諸小國王詣大善見王，白曰：『天王！我等欲爲天王作殿。』大善見王告諸小王：『卿等欲爲我作正殿，我所不須，自有正殿。』八萬四千諸小國王皆叉手向，再三白曰：『天王！我等欲爲天王作殿，我等欲爲天王作殿。』於是，大善見王爲八萬四千諸小王故，默然而聽。爾時，八萬四千諸小國王知大善見王默然聽已，拜謁辭退，繞三匝而去，各還本國，以八萬四千軍載金自重，並及其錢作以不作，復以一一珠寶之柱載往拘尸城，去城不遠，作大正殿。」

「阿難！彼大正殿長一由延，廣一由延。阿難！彼大正殿四寶塼壘：金、銀、琉璃及水精。阿難！彼大正殿四寶梯陛：金、銀、琉璃及水精，金陛銀蹬，銀階金蹬，琉璃陛水精蹬，水精陛琉璃蹬。阿難！大正殿中有八萬四千柱，以四寶作：金、銀、琉璃及水精，金柱銀櫨欂，銀柱金櫨欂，琉璃柱水精櫨欂，水精柱琉璃櫨欂。阿難！彼大正殿內立八萬四千樓，以四寶作：金、銀、琉璃及水精，金樓銀覆，銀樓金覆，琉璃樓水精覆，水精樓琉璃覆。」

「阿難！大正殿中設八萬四千御座，亦四寶作：金、銀、琉璃及水精。金樓設銀御座，敷以氍氀、毾𣰆，覆以錦綺羅縠，有襯體被，兩頭安枕，加陵伽波惒邏波遮悉多羅那。如是銀樓設金御座，琉璃樓設水精御座，水精樓設琉璃御坐，敷以氍氀、毾𣰆，覆以錦綺羅縠，有襯體被，兩頭安枕，加陵伽波惒邏波遮悉多羅那。阿難！彼大正殿周匝繞有四寶鉤欄：金、銀、琉璃及水精。金欄銀鉤，銀欄金鉤，琉璃欄水精鉤，水精欄琉璃鉤。阿難！彼大正殿覆以羅網，鈴懸其間，彼鈴四寶：金、銀琉璃及水精，金鈴銀舌，銀鈴金舌，琉璃鈴水精舌，水精鈴琉璃舌。」

「阿難！彼大正殿具足成已，八萬四千諸小國王去殿不遠，作大華池。阿難！彼大華池長一曲延，廣一由延。阿難！彼大華池四寶塼壘：金、銀、琉璃及水精。其底布以四種寶沙：金、銀、琉璃及水精。阿難！彼池中有四寶梯陛：金、銀、琉璃及水精，金陛銀蹬，銀階金蹬，琉璃陛水精蹬，水精陛琉璃蹬。阿難！彼大華池周匝繞有四寶鉤欄：金、銀、琉璃及水精，金欄銀鉤，銀欄金鉤，琉璃欄水精鉤，水精欄琉璃鉤。阿難！彼大華池覆以羅網，鈴懸其間，彼鈴四寶：金、銀、琉璃及水精，金鈴銀舌，銀鈴金舌，琉璃鈴水精舌，水精鈴琉璃舌。阿難！彼大華池其中則有種種水華：青蓮華，紅蓮、赤蓮、白蓮華，常水常華，有守視者，不通一切人。阿難！彼大華池其岸則有種種陸華：修摩那華、婆師華、瞻蔔華、修犍提華、摩頭犍提華、阿提牟哆華、婆羅賴華。」

「阿難！如是大殿及大華池具足成已，八萬四千諸小國王去殿不遠，作多羅園。阿難！彼多羅園長一由延，廣一由延。阿難！多羅園中殖八萬四千多羅樹，則以四寶：金、銀、琉璃及水精。金多羅樹銀葉華實，銀多羅樹金葉華實，琉璃多羅樹水精葉華實，水精多羅樹琉璃葉華實。阿難！彼多羅園周匝有四寶鉤欄：金、銀、琉璃及水精，金欄銀鉤，銀欄金鉤，琉璃欄水精鉤，水精欄琉璃鉤。阿難！彼多羅園覆以羅網，鈴懸其間，彼鈴四寶：金、銀、琉璃及水精，金鈴銀舌，銀鈴金舌，琉璃鈴水精舌，水精鈴琉璃舌。」

「阿難！如是大殿華池及多羅園具足成已，八萬四千諸小國王即共往詣大善見王，白曰：『天王！當知大殿華池及多羅園悉具足成，唯願天王隨意所欲。』阿難！爾時，大善見王便作是念：我不應先昇此大殿，若有上尊沙門、梵志，依此拘尸王城住者，我寧可請一切來集坐此大殿，施設上味極美餚饌，種種豐饒食噉含消，手自斟酌，皆令飽滿，食竟收器，行澡水訖，發遣令還。阿難！大善見王作是念已，即請上尊沙門、梵志，依彼拘尸王城住者，一切來集昇大正殿。都集坐已，自行澡水，便以上味極美餚饌，種種豐饒食噉含消，手自斟酌皆令飽滿；食竟收器，行澡水訖，受咒願已，發遣令還。」

「阿難！大善見王復作是念：今我不應大正殿中而行於欲，我寧可獨將一侍人昇大殿住。阿難！大善見王則於後時，將一侍人昇大正殿，便入金樓，坐銀御床，敷以氍𣰆、毾㲪，覆以錦綺羅縠，有襯體被，兩頭安枕，加陵伽波惒邏波遮悉多羅那。坐已，離欲、離惡不善之法，有覺、有觀，離生喜樂，逮初禪成就遊。從金樓出，次入銀樓，坐金御床，敷以氍𣰆、毾㲪，覆以錦綺羅縠，有襯體被，兩頭安枕，加陵伽波惒邏波遮悉多羅那。坐已，離欲、離惡不善之法，有覺、有觀，離生喜樂，逮初禪成就遊。從銀樓出，入琉璃樓，坐水精御床，敷以氍氀、毾毲，覆以錦綺羅縠，有襯體被，兩頭安枕，加陵伽波惒邏波遮悉多羅那。坐已，離欲、離惡不善之法，有覺、有觀，離生喜樂，逮初禪成就遊。從琉璃樓出，入水精樓，坐琉璃御床，敷以氍氀、毾毲，覆以錦綺羅縠，有襯體被，兩頭安枕，加陵伽波惒邏波遮悉多羅那。坐已，離欲、離惡不善之法，有覺、有觀，離生喜樂，逮初禪成就遊。」

「阿難！爾時八萬四千夫人及女寶並久不見大善見王，各懷飢虛，渴仰欲見。於是，八萬四千夫人共詣女寶，白曰：『天后！當知我等並久不覲天王。天后！我等今欲共見天王。』女寶聞已，告主兵臣：『汝今當知我等並久不覲天王，今欲往見。』主兵臣聞，即送八萬四千夫人及女寶至大正殿。八萬四千象、八萬四千馬、八萬四千車、八萬四千步、八萬四千小王亦共侍送至大正殿。當去之時，其聲高大，音響震動，大善見王聞其聲高大，音聲震動，聞已，即問傍侍者曰：『是誰聲高大，音響震動？』侍者白曰：『天王！是八萬四千夫人及女寶，今悉共來詣大正殿。八萬四千象、八萬四千馬、八萬四千車、八萬四千步、八萬四千小王亦復共來詣大正殿，是故其聲高大，音響震動。』大善見王聞已，告侍者曰：『汝速下殿，可於露地疾敷金床，訖還白我。』侍者受教，即從殿下，則於露地疾敷金床訖，還白曰：『已為天王則於露地敷金床訖，隨天王意。』」

「阿難！大善見王即共侍者從殿來下，昇金床上，結跏趺坐。阿難！彼時八萬四千夫人及女寶皆悉共前，詣大善見王。阿難！大善見王遙見八萬四千夫人及女寶，見已，則便閉塞諸根。於是，八萬四千夫人及女寶見王閉塞諸根已，便作是念：天王今必不用我等，所以者何？天王適見我等，便閉塞諸根。」

「阿難！於是女寶則前往詣大善見王，到已，白曰：『天王！當知彼八萬四千夫人及女寶盡是天王所有，唯願天王常念我等，乃至命終！八萬四千象、八萬四千馬、八萬四千車、八萬四千步、八萬四千小王，盡是天王所有，唯願天王常念我等，乃至命終。』彼時大善見王聞斯語已，告女寶曰：『妹！汝等長夜教我爲惡，不令行慈。妹！汝等從今已後，當教我行慈，莫令爲惡。』阿難！八萬四千夫人及女寶卻住一面，涕零悲泣，而作此語：『我等非是天王之妹，而今天王稱我等爲妹。』」

「阿難！彼八萬四千夫人及女寶各各以衣拭其淚，復前往詣大善見王，到已，白曰：『天王！我等云何教天王行慈，不爲惡耶？』大善見王答曰：『諸妹！汝等爲我應如是說：天王知不？人命短促，當就後世，應修梵行，生無不終。天王！當知彼法必來，非可愛念，亦不可喜，壞一切世，名曰爲死。是以天王於八萬四千夫人及女寶有念有欲者，唯願天王悉斷、捨離，至終莫念！於八萬四千象、八萬四千馬、八萬四千車、八萬四千步、八萬四千小王，天王！有欲有念者，唯願天王悉斷、捨離，至終莫念！諸妹！汝等如是教我行慈，不令為惡。』」

「阿難！彼八萬四千夫人及女寶白曰：『天王！我等從今已後，當教天王行慈，不令為惡。天王！人命短促，當就後世。彼法必來，非可愛念，亦不可喜，壞一切世，名曰為死。是以天王於八萬四千夫人及女寶有念有欲者，唯願天王悉斷、捨離，至終莫念！於是八萬四千象、八萬四千馬、八萬四千車、八萬四千步、八萬四千小王，天王有欲有念者，唯願天王悉斷、捨離，至終莫念！』阿難！大善見王為彼八萬四千夫人及女寶說法，勸發渴仰，成就歡喜，無量方便為彼說法，勸發渴仰，成就歡喜已，發遣令還。阿難！彼八萬四千夫人及女寶知大善見王發遣已，各拜辭還。」

「阿難！彼八萬四千夫人及女寶還去不久，大善見王即共侍者還昇大殿，則入金樓坐銀御床，敷以氍氀、毾㲪，覆以錦綺羅縠，有襯體被，兩頭安枕，加陵伽波惒邏波遮悉多羅那。坐已，作是觀：我是最後邊，念欲、念恚、念害、鬥諍、相憎、諛諂、虛僞、欺誑、妄言，無量諸惡不善之法是最後邊。心與慈俱，遍滿一方成就遊。如是二三四方，四維上下，普周一切，無結無怨，無恚無諍，極廣甚大，無量善修，遍滿一切世間成就遊。」

「從金樓出，次入銀樓，坐金御床，敷以氍氀、毾㲪，覆以錦綺羅縠，有襯體被，兩頭安枕，加陵伽波惒邏波遮悉多羅那。坐已，作是觀：我是最後邊，念欲、念恚、念害、鬥諍、相憎、諛諂、虛僞、欺誑、妄言，無量諸惡不善之法是最後邊。心與悲俱，遍滿一方成就遊。如是二三四方，四維上下，普周一切，無結無怨，無恚無諍，極廣甚大，無量善修，遍滿一切世間成就遊。」

「從銀樓出，入琉璃樓，坐水精御床，敷以氍𣰆、𣯫㲪，覆以錦綺羅縠，有襯體被，兩頭安枕，加陵伽波惒邏波遮悉多羅那。坐已，作是觀：我是最後邊，念欲、念恚、念害、鬥諍、相憎、諛諂、虛僞、欺誑、妄言，無量諸惡不善之法是最後邊。心與喜俱，遍滿一方成就遊。如是二三四方，四維上下，普周一切，無結無怨，無恚無諍，極廣甚大，無量善修，遍滿一切世間成就遊。

「從琉璃樓出，入水精樓，坐琉璃御床，敷以氍𣰆、𣯫㲪，覆以錦綺羅縠，有襯體被，兩頭安枕，加陵伽波惒邏波遮悉多羅那。坐已，作是觀：我是最後邊，念欲、念恚、念害、鬥諍、相憎、諛諂、虛僞、欺誑、妄言，無量諸惡不善之法是最後邊。心與捨俱，遍滿一方成就遊。如是二三四方，四維上下，普周一切，無結無怨，無恚無諍，極廣甚大，無量善修，遍滿一切世間成就遊。」

「阿難！大善見王於最後時生微微死痛，猶如居士或居士子，食極妙食，生小微煩。阿難！大善見王於最後時生微微死痛亦復如是。阿難！爾時大善見王修習四梵室，捨念欲已，乘是命終，生梵天中。」

「阿難！在昔異時大善見王者，汝謂異人耶？莫作斯念！當知即是我也。阿難！我於爾時爲自饒益，亦饒益他，饒益多人，愍傷世間，爲天、爲人求義及饒益，求安隱快樂。爾時說法不至究竟，不究竟白淨，不究竟梵行；不究竟梵行訖，爾時不離生、老、病、死、啼哭、憂慼，亦未能得脫一切苦。」

「阿難！我今出世，如來、無所著、等正覺、明行成爲、善逝、世間解、無上士、道法御、天人師，號佛、衆祐，我今爲自饒益，亦饒益他，饒益多人，愍傷世間，爲天、爲人求義及饒益，求安隱快樂。我今說法得至究竟，究竟白淨，究竟梵行；究竟梵行訖，我今得離生、老、病、死、啼哭、憂慼，我今已得脫一切苦。」

「阿難！從拘尸城，從恕跋單力士娑羅林，從尼連然河，從婆求河，從天冠寺，從爲我敷床處，我於其中間七反捨身，於中六反爲轉輪王，今第七如來，無所著、等正覺。阿難！我不復見世中天及魔、梵、沙門、梵志，從天至人，更復捨身者，是處不然。阿難！我今最後生、最後有、最後身、最後形、得最後我，我說是苦邊。」

佛說如是，尊者阿難及諸比丘聞佛所說，歡喜奉行！

長老上尊睡眠經

我聞如是：

一時，佛遊婆耆瘦，在鼉山怖林鹿野園中。

爾時，尊者大目犍連遊摩竭國，在善知識村中。於是，尊者大目犍連獨安靜處宴坐思惟而便睡眠，世尊遙知尊者大目犍連獨安靜處宴坐思惟而便睡眠。世尊知已，即入如其像定，以如其像定，猶若力士屈申臂頃，從婆耆瘦鼉山怖林鹿野園中忽沒不現，往摩竭國善知識村尊者大目犍連前。於是，世尊從定而寤，告曰：「大目犍連，汝著睡眠，大目犍連，汝著睡眠。」尊者大目犍連白世尊曰：「唯然，世尊！」

佛復告曰：「大目犍連！如所相著睡眠，汝莫修彼相！亦莫廣布！如是睡眠便可得滅。若汝睡眠故不滅者，大目犍連！當隨本所聞法，隨而受持廣布誦習，如是睡眠便可得滅。若汝睡眠故不滅者，大目犍連！當隨本所聞法，隨而受持爲他廣說，如是睡眠便可得滅。若汝睡眠故不滅者，大目犍連！當隨本所聞法，隨而受持、心念、心思，如是睡眠便可得滅。若汝睡眠故不滅者，大目犍連！當以兩手捫摸於耳，如是睡眠便可得滅。」

「若汝睡眠故不滅者，大目犍連！當以冷水澡洗面目及灑身體，如是睡眠便可得滅。若汝睡眠故不滅者，大目犍連！當從室出，外觀四方，瞻視星宿，如是睡眠便可得滅。若汝睡眠故不滅者，大目犍連！當從室出，而至屋頭，露地經行，守護諸根，心安在內，於後前想，如是睡眠便可得滅。若汝睡眠故不滅者，大目犍連！當捨經行道，至經行道頭，敷尼師檀，結跏趺坐，於如是睡眠便可得滅。若汝睡眠故不滅者，大目犍連！當還入室，四疊僾多羅僧以敷床上，襞僧伽梨作枕，右脅而臥，足足相累，心作明想，立正念正智，常欲起想。

「大目犍連！莫計床樂眠臥安快！莫貪財利！莫著名譽！所以者何？我說一切法不可與會，亦說與會。大目犍連！我說何法不可與會？大目犍連！若道俗法共合會者，我說此法不可與會。大目犍連！若道俗法共合會者，便多有所說，若多有所說者，則便有調。若有調者，便心不息。大目犍連！若心不息者，便心離定。大目犍連！是故我說不可與會。大目犍連！我說何法可與共會？大目犍連！彼無事處，我說此法可與共會。山林樹下空安靜處，高巖石室寂無音聲，遠離，無惡，無有人民，隨順宴坐。大目犍連！我說此法可與共會。」

「大目犍連！汝若入村行乞食者，當以厭利，厭供養、恭敬。汝若於利、供養、恭敬心作厭已，便入村乞食。大目犍連！莫以高大意入村乞食！所以者何？諸長者家有如是事，比丘來乞食，令長者不作意。比丘便作是念：誰壞我長者家？所以者何？我入長者家，長者不作意，因是生憂，因憂生調，因調生心不息，因心不息，心便離定。大目犍連！汝說法時莫以諍說！若諍說者，便多有所說；因多說故，則便生調；因生調故，便心不息；因心不息故，便心離定。大目犍連！汝說法時莫强，說法如師子。大目犍連！汝說法時，下意說法，捨力、滅力、破壞於力，當以不强，說法如師子。大目犍連！當學如是！」

爾時，尊者大目犍連即從坐起，偏袒著衣，叉手向佛，白曰：「世尊！云何比丘得至究竟？究竟白淨、究竟梵行、究竟梵行訖？」

世尊告曰：「大目犍連！比丘若覺樂、覺苦、覺不苦不樂者，彼此覺觀無常、觀興衰、觀斷、觀無欲、觀滅、觀捨；彼此覺觀無常、觀興衰、觀斷、觀無欲、觀滅、觀捨已，不受此世；因不受世已，便不疲勞；因不疲勞已，便般涅槃：生已盡，梵行已立，作所已辦，不更受有，知如真。大目揵連！如是比丘得至究竟，究竟白淨、究竟梵行、究竟梵行訖。」

佛說如是，尊者大目揵連聞佛所說，歡喜奉行！

水淨梵志經

我聞如是：

一時，佛遊鬱鞞羅尼連然河岸，在阿耶惒羅尼拘類樹下，初得道時。於是，有一水淨梵志，中後彷徉往詣佛所，世尊遙見水淨梵志來，因水淨梵志故，告諸比丘：「若有二十一穢污於心者，必至惡處，生地獄中。云何二十一穢？邪見心穢、非法欲心穢、惡貪心穢、邪法心穢、貪心穢、恚心穢、睡眠心穢、掉悔心穢、疑惑心穢、瞋纏心穢、不語結心穢、慳心穢、嫉心穢、欺誑心穢、諛諂心穢、無慚心穢、無愧心穢、慢心穢、大慢心穢、憍傲心穢、放逸心穢。若有此二十一穢污於心者，必至惡處，生地獄中。猶垢膩衣持與染家，彼染家得，或以淳灰、或以澡豆、或以土漬極浣，令淨此垢膩衣，染家雖治或以淳灰、或以澡豆、或以土漬極浣令淨，然此污衣故有穢色。如是，若有二十一穢污於心者，必至惡處，生於地獄中。云何二十一穢？邪見心穢、非法欲心穢、惡貪心穢、邪法心穢、貪心穢、恚心穢、睡眠心穢、掉悔心穢、疑惑心穢、瞋纏心穢、不語結心穢、慳心穢、嫉心穢、欺誑心穢、諛諂心穢、無慚心穢、無愧心穢、慢心穢、大慢心穢、憍慠心穢、放逸心穢。若有此二十一穢污於心者，必至惡處，生地獄中。」

「若有二十一穢不污心者，必至善處，生於天上。云何二十一穢？邪見心穢、非法欲心穢、惡貪心穢、邪法心穢、貪心穢、恚心穢、睡眠心穢、掉悔心穢、疑惑心穢、瞋纏心穢、不語結心穢、慳心穢、嫉心穢、欺誑心穢、諛諂心穢、無慚心穢、無愧心穢、慢心穢、大慢心穢、憍慠心穢、放逸心穢。若有此二十一穢不污心者，必至善處，生於天上。猶如白淨波羅奈衣持與染家，彼染家得，或以淳灰、或以澡豆、或以土漬極浣，令淨此白淨波羅奈衣，染家雖治或以淳灰、或以澡豆、或以土漬極浣令淨，然此白淨波羅奈衣已淨而復淨。如是若有二十一穢不污心者，必至善處，生於天上。云何二十一穢？邪見心穢、非法欲心穢、惡貪心穢、邪法心穢、貪心穢、恚心穢、睡眠心穢、掉悔心穢、疑惑心穢、瞋纏心穢、不語結心穢、慳心穢、嫉心穢、欺誑心穢、諛諂心穢、無慚心穢、無愧心穢、慢心穢、大慢心穢、憍傲心穢、放逸心穢。若有此二十一穢不污心者，必至善處，生於天上。

「若知邪見是心穢者，知已便斷，如是非法欲心穢、惡貪心穢、邪法心穢、貪心穢、恚心穢、睡眠心穢、掉悔心穢、疑惑心穢、瞋纏心穢、不語結心穢、慳心穢、嫉心穢、欺誑心穢、諛諂心穢、無慚心穢、無愧心穢、慢心穢、大慢心穢、憍傲心穢，若知放逸是心穢者，知已便斷，彼心與慈俱，遍滿一方成就遊。如是二三四方，四維上下，普周一切，與慈俱，無結、無怨、無恚、無諍，極廣甚大，無量善修，遍滿一切世間成就遊。如是，悲、喜心與捨俱，無結、無怨、無恚、無諍，極廣甚大，無量善修，遍滿一切世間成就遊。是謂洗浴內心，非浴外身。」

爾時梵志語世尊曰：「瞿曇！可詣多水河浴。」

世尊問曰：「梵志！若詣多水河浴者，彼得何等？」

梵志答曰：「瞿曇！彼多水河浴者，此是世間齋潔之相、度相、福相，瞿曇！若詣多水河浴者，彼則淨除於一切惡。」

爾時，世尊為彼梵志而說頌曰：

妙好首梵志，若入多水河，是愚常遊戲，不能淨黑業。

好首何往泉，何義多水河，人作不善業，清水何所益？

淨者無垢穢，淨者常說戒，淨者清白業，常得清淨行。
若汝不殺生，常不與不取，真諦不妄語，常正念正知。
梵志如是學，一切眾生安，梵志何還家？家泉無所淨。
梵志汝當學，淨洗以善法，何須弊惡水，但去身體垢。
梵志白佛曰：我亦作是念，淨洗以善法，何須弊惡水。
梵志聞佛教，心中大歡喜，即時禮佛足，歸命佛法眾。
梵志白曰：「世尊！我已知。善逝！我已解。我今自歸佛、法及比丘眾，唯願世尊受我為優婆塞！從今日始，終身自歸，乃至命盡。」
佛說如是，好首水淨梵志及諸比丘聞佛所說，歡喜奉行！

大因經

我聞如是：

一時，佛遊拘樓瘦，在劍磨瑟曇拘樓都邑。

爾時，尊者阿難閒居獨處，宴坐思惟，心作是念：此緣起甚奇，極甚深，明亦甚深！然我觀見至淺至淺。於是，尊者阿難則於晡時從晏坐起，往詣佛所，稽首佛足，卻住一面，白曰：「世尊！我今閒居獨處，宴坐思惟，心作是念：此緣起甚奇，極甚深，明亦甚深！然我觀見至淺至淺。」

世尊告曰：「阿難！汝莫作是念：此緣起至淺至淺。所以者何？此緣起極甚深，明亦甚深！阿難！於此緣起不知如真，不見如實，不覺不達故，令彼衆生如織機相鎖，如蘊蔓草，多有稠亂，忽忽喧鬧，從此世至彼世，從彼世至此世，往來不能出過生死。阿難！是故知此緣起極甚深，明亦甚深！」

「阿難！若有問者：『老死有緣耶？』當如是答：『老死有緣。』若有問者：『老死有何緣？』當如是答：『緣於生也！』阿難！若有問者：『生有緣耶？』當如是答：『生亦有緣。』若有問者：『生有何緣？』當如是答：『緣於有也。』阿難！若有問者：『有有緣耶？』當如是答：『有亦有緣。』若有問者：『有有何緣？』當如是答：『緣於受也。』阿難！若有問者：『受有緣耶？』當如是答：『受亦有緣。』若有問者：『受有何緣？』當如是答：『緣於愛也。』阿難！是爲緣愛有受，緣受有有，緣有有生，緣生有老死，緣老死有愁慼，啼哭、憂苦、懊惱皆緣老死有，如此具足純生大苦陰。」

「阿難！緣生有老死者，此說緣生有老死，當知所謂緣生有老死。阿難！若無生，魚、魚種，鳥、鳥種，蚊、蚊種，龍、龍種，神、神種，鬼、鬼種，天、天種，人、人種，阿難！彼彼衆生隨彼彼處，若無生，各各無生者，設使離生當有老死耶？」

答曰：「無也。」

「阿難！是故當知是老死因、老死習、老死本、老死緣者，謂此生也。所以者何？緣生故則有老死。阿難！緣有有生者，此說緣有有生，當知所謂緣有有生。阿難！若無有，魚、魚種，鳥、鳥種，蚊、蚊種，龍、龍種，神、神種，鬼、鬼種，天、天種，人、人種，阿難！彼彼衆生隨彼彼處無有，各各無有者，設使離有，當有生耶？」

答曰：「無也。」

「阿難！是故當知是生因、生習、生本、生緣者，謂此有也。所以者何？緣有故則有生。阿難！緣受有有者，此說緣受有有，當知所謂緣受有有。阿難！若無受，各各無受者，設使離受，當復有有，施設有有耶？」

答曰：「無也。」

「阿難！是故當知是有因、有習、有本、有緣者，謂此受也。所以者何？緣受故則有有。阿難！緣愛有受者，此說緣愛有受，當知所謂緣愛有受。阿難！若無愛，各各無愛者，設使離愛，當復有受立於受耶？」

答曰：「無也。」

「阿難！是故當知是受因、受習、受本、受緣者，謂此愛也。所以者何？緣愛故則有受。阿難！是為緣愛有求，緣求有利，緣利有分，緣分有染欲，緣染欲有著，緣著有慳，緣慳有家，緣家有守。阿難！緣守故便有刀杖、鬥諍、諛諂、欺誑、妄言、兩舌，起無量惡不善之法，有如此具足純生大苦陰。阿難！若無守，各各無守著，設使離守，當有刀杖、鬥諍、諛諂、欺誑、妄言、兩舌，起無量惡不善之法耶？」

答曰：「無也。」

「阿難！是故當知是刀杖、鬥諍、諛諂、欺誑、妄言、兩舌，起無量惡不善之法，因是習、是本、是緣者，謂此守也。所以者何？緣守故則有刀杖、鬥諍、諛諂、欺誑、妄言、兩舌，起無量惡不善之法，有如此具足純生大苦陰。阿難！緣家有守者，此說緣家有守，當知所謂緣家有守。阿難！若無家，各各無家者，設使離家，當有守耶？」

答曰：「無也。」

「阿難！是故當知是守因、守習、守本、守緣者，謂此家也。所以者何？緣家故則有守。阿難！緣慳有家者，此說緣慳有家，當知所謂緣慳有家。阿難！若無慳，各各無慳者，設使離慳，當有家耶？」

答曰：「無也。」

「阿難！是故當知是家因、家習、家本、家緣者，謂此慳也。所以者何？緣慳故則有家。阿難！緣著有慳者，此說緣著有慳。當知所謂緣著有慳。阿難！若無著，各各無著者，設使離著，當有慳耶？」

答曰：「無也。」

「阿難！是故當知是慳因、慳習、慳本、慳緣者，謂此著也。所以者何？緣著故則有慳。阿難！緣欲有著者，此說緣欲有著，當知所謂緣欲有著。阿難！若無欲，各各無欲者，設使離欲，當有著耶？」

答曰：「無也。」

「阿難！是故當知是著因、著習、著本、著緣者，謂此欲也。所以者何？緣欲故則有著。阿難！緣分有染欲者，此說緣分有染欲，當知所謂緣分有染欲。阿難！若無分，各各無分者，設使離分，當有染欲耶？」

答曰：「無也。」

「阿難！是故當知是染欲因、染欲習、染欲本、染欲緣者，謂此分也。所以者何？緣分故則有染欲。阿難！緣利有分者，此說緣利有分，當知所謂緣利有分。阿難！若無利，各各無利者，設使離利，當有分耶？」

答曰：「無也。」

「阿難！是故當知是分因、分習、分本、分緣者，謂此利也。所以者何？緣利故則有分。阿難！緣求有利者，此說緣求有利，當知所謂緣求有利。阿難！若無求，各各無求者，設使離求，當有利耶？」

答曰：「無也。」

「阿難！是故當知是利因、利習、利本、利緣者，謂此求也。所以者何？緣求故則有利。阿難！緣愛有求者，此說緣愛有求，當知所謂緣愛有求。阿難！若無愛，各各無愛者，設使離愛，當有求耶？」

答曰：「無也。」

「阿難！是故當知是求因、求習、求本、求緣者，謂此愛也。所以者何？緣愛故則有求。阿難！欲愛及有愛，此二法因覺、緣覺致來。阿難！若有問者：『覺有緣耶？』當如是答：『覺亦有緣。』若有問者：『覺有何緣？』當如是答：『緣更樂〔又譯爲「觸」samphassa〕也。』當知所謂緣更樂有覺。阿難！若無有眼更樂，各各無眼更樂者，設使離眼更樂，當有緣眼更樂生樂覺、苦覺、不苦不樂覺耶？」

答曰：「無也。」

「阿難！若無耳、鼻、舌、身、意更樂，各各無意更樂者，設使離意更樂，當有緣意更樂生樂覺、苦覺、不苦不樂覺耶？」

答曰：「無也。」

「阿難！是故當知是覺因、覺習、覺本、覺緣者，謂此更樂也。所以者何？緣更樂故則有覺。阿難！若有問者：『更樂有緣耶？』當如是答：『更樂有緣。』若有問者：『更樂有何緣？』當如是答：『緣名色也。』當知所謂緣名色有更樂。阿難！所行、所緣有名身，離此行、離此緣有有對更樂耶？」

答曰：「無也。」

「阿難！所行、所緣有色身，離此行、離此緣有增語更樂耶？」

答曰：「無也。」

「設使離名身及色身，當有更樂施設更樂耶？」

答曰：「無也。」

「阿難！是故當知是更樂因、更樂習、更樂本、更樂緣者，謂此名色也。所以者何？緣名色故則有更樂。阿難！若有問者：『名色有緣耶？』當如是答：『名色有緣。』若有問者：『名色有何緣？』當如是答：『緣識也。』當知所謂緣識有名色。阿難！若識不入母胎者，有名色成此身耶？」

答曰：「無也。」

「阿難！若識入胎即出者，名色會精耶？」

答曰：「不會。」

「阿難！若幼童男童女識初斷壞不有者，名色轉增長耶？」

答曰：「不也。」

「阿難！是故當知是名色因、名色習、名色本、名色緣者，謂此識也。所以者何？緣識故則有名色。阿難！若有問者：『識有緣耶？』當如是答：『識亦有緣。』若有問者：『識有何緣？』當如是答：『緣名色也。』當知所謂緣名色有識。阿難！若識不得名色，若識不立、不倚名色者，識寧有生、有老、有病、有死、有苦耶？」

答曰：「無也。」

「阿難！是故當知是識因、識習、識本、識緣者，謂此名色也。所以者何？緣名色故則有識。阿難！是爲緣名色有識。緣識亦有名色，由是增語，增語說傳，傳說可施設有，謂識、名色共俱也。阿難！云何有一見有神耶？」

尊者阿難白世尊曰：「世尊爲法本，世尊爲法主，法由世尊，唯願說之！我今聞已，得廣知義。」佛便告曰：「阿難！諦聽！善思念之，我當爲汝分別其義。」尊者阿難受教而聽。

佛言：「阿難！或有一見覺是神，或復有一不見覺是神，見神能覺，然神法能覺；或復有一不見覺是神，亦不見神能覺，然神法能覺，但見神無所覺。阿難！若有一見覺是神者，應當問彼：『汝有三覺——樂覺、苦覺、不苦不樂覺，汝此三覺爲見何覺是神耶？』阿難！當復語彼，若有覺樂覺者，彼於爾時二覺滅——苦覺、不苦不樂覺，彼於爾時唯覺樂覺。樂覺者，是無常法、苦法、滅法，若樂覺已滅，彼不作是念：非爲神滅耶？阿難！若復有一覺苦覺者，彼於爾時二覺滅——樂覺、不苦不樂覺，彼於爾時唯覺苦覺。苦覺者，是無常法、苦法、滅法，若苦覺已滅，彼不作是念：非爲神滅耶？阿難！若復有一覺不苦不樂覺者，彼於爾時二覺滅——樂覺、苦覺，彼於爾時唯覺不苦不樂覺。不苦不樂覺者，是無常法、苦法、滅法。若不苦不樂覺已滅，彼不作是念：非爲神滅耶？阿難！彼如是無常法但離苦樂，當復見覺是神耶？」

答曰：「不也。」

「阿難！是故彼如是無常法但離苦樂，不應復見覺是神也。阿難！若復有一不見覺是神，然神能覺，見神法能覺者，應當語彼：『汝若無覺者，覺不可得，不應說是我所有。』阿難！彼當復如是見覺不是神，然神能覺，見神法能覺耶？」

答曰：「不也。」

「阿難！是故彼不應如是見覺非神，神能覺，見神法能覺。阿難！若復有一不見覺是神，亦不見神能覺，然神法能覺，但見神無所覺者，應當語彼：『汝若無覺都不可得，神離覺者，不應神清淨。』阿難！彼當復見覺非神，亦不見神能覺、神法能覺，但見神無所覺耶？」

答曰：「不也。」

「阿難！是故彼不應如是見覺非神，亦不見神能覺、神法能覺，但見神無所覺，是謂有一見有神也。阿難！云何有一不見有神耶？」

尊者阿難白世尊曰：「世尊為法本，世尊為法主，法由世尊，唯願說之！我今聞已，得廣知義。」佛便告曰：「阿難！諦聽！善思念之，我當為汝分別其義。」尊者阿難受教而聽。

佛言：「阿難！或有一不見覺是神，亦不見神能覺，然神法能覺，亦不見神無所覺，彼如是不見已，則不受此世間；彼不受已，則不疲勞；不疲勞已，便般涅槃：我生已盡，梵行已立，所作已辦，不更受有，知如真。阿難！是謂增語，增語說傳，傳說可施設有。知有者，則無所受。阿難！若比丘如是正解脫者，此不復有見如來終，見如來不終，見如來終、不終，見如來亦非終亦非不終，是謂有一不見有神也。阿難！云何有一有神施設而施設耶？」

尊者阿難白世尊曰：「世尊爲法本，世尊爲法主，法由世尊，唯願說之！我今聞已，得廣知義。」佛便告曰：「阿難！諦聽！善思念之，我當爲汝分別其義。」尊者阿難受教而聽。

佛言：「阿難！或有一少色是神施設而施設，或復有一非少色是神施設而施設，無量色是神施設而施設。或復有一非少色是神施設而施設，亦非無量色是神施設而施設，少無色是神施設而施設。或復有一非少色是神施設而施設，亦非無量色是神施設而施設，亦非少無色是神施設而施設，無量無色是神施而施設。」

「阿難！若有一少色是神施設而施設者，彼今少色是神施設而施設，身壞命終，亦如是說，亦如是見。有神若離少色時，亦如是如是思，彼作如是念。阿難！如是有一少色是神施設而施設，如是有一少色是神見著而著。」

「阿難！若復有一非少色是神施設而施設，無量色是神施設而施設者，彼今無量色是神施設而施設，身壞命終，亦如是說，亦如是見，有神若離無量色時，亦如是如是思，彼作如是念。阿難！如是有一無量色是神施設而施設，如是無量色是神見著而著。」

「阿難！若復有一非少色是神施設而施設，亦非無量色是神施設而施設，少無色是神施設而施設，彼今少無色是神施設而施設，身壞命終，亦如是說，亦如是見，有神若離少無色時，亦如是如是思，彼作如是念。阿難！如是有一少無色是神施設而施設，如是有一少無色是神見著而著。」

「阿難！若復有一非少色是神施設而施設，亦非無量色是神施設而施設，亦非少無色是神施設而施設，無量無色是神施設而施設者，彼今無量無色是神施設而施設，身壞命終，亦如是說，亦如是見，有神若離無量無色時，亦如是如是思，彼作如是念。阿難！如是有一無量無色是神施設而施設，如是有一無量無色是神見著而著，是謂有一有神施設而施設也。阿難！云何有一無神施設而施設耶？」

尊者阿難白世尊曰：「世尊為法本，世尊為法主，法由世尊，唯願說之！我今聞已，得廣知義。」佛便告曰：「阿難！諦聽！善思念之，我當為汝分別其義。」尊者阿難受教而聽。

佛言：「阿難！或有一非少色是神施設而施設，亦非無量無色是神施設而施設，亦非少無色是神施設而施設，亦非無量無色是神施設而施設。阿難！若有一非少色是神施設而施設者，彼非今少色是神施設而施設，身壞命終，亦不如是說，亦不如是見，有神若離少色時，亦不如是如是思，亦不作如是念。阿難！如是有一非少色是神施設而施設，如是有一非少色是神不見著而著。」

「阿難！若復有一非無量無色是神施設而施設者，彼非今無量色是神施設而施設，身壞命終，亦不如是說，亦不如是見，有神若離無量色時，亦不如是如是思，亦不作如是念。阿難！如是有一非無量色是神施設而施設，如是有一非無量色是神不見著而著。」

「阿難！若復有一非少無色是神施設而施設者，彼非今少無色是神施設而施設，身壞命終，亦不如是說，亦不如是見，有神若離少無色時，亦不如是如是思，亦不作如是念。阿難！如是有一非少無色是神施設而施設，如是有一非少無色是神不見著而著。」

「阿難！若復有一非無量色是神施設而施設者，彼非今無量無色是神施設而施設，身壞命終，亦不如是說，亦不如是見，有神若離無量無色時，亦不如是如是思，亦不作如是念。阿難！如是有一非無量無色是神施設而施設，如是有一非無量無色是神不見著而著。阿難！是謂有一無神施設而施設也。」

「復次，阿難！有七識住及二處。云何七識住？有色衆生若干身、若干想，謂人及欲天，是謂第一識住。復次，阿難！有色衆生若干身、一想，謂梵天初生不夭壽，是謂第二識住。復次，阿難！有色衆生一身、若干想，謂晃昱天，是謂第三識住。復次，阿難！有色衆生一身、一想，謂遍淨天，是謂第四識住。復次，阿難！有無色衆生度一切色想，滅有對想，不念若干想，無量空處，是空處成就遊，謂無量空處天，是謂第五識住。復次，阿難！有無色衆生度一切無量空處，無量識處，是識處成就遊，謂無量識處天，是謂第六識住。復次，阿難！有無色衆生度一切無量識處，無所有處，是無所有處成就遊，謂無所有處天，是謂第七識住。」

「阿難！云何有二處？有色衆生無想無覺，謂無想天，是謂第一處。復次，阿難！有無色衆生度一切無所有處，非有想非無想處，是非有想非無想處成就遊，謂非有想非無想處天，是謂第二處。阿難！第一識住者，有色衆生若干身、若干想，謂人及欲天。若有比丘知彼識住、知識住習，知滅、知味、知患、知出要如真，阿難！此比丘寧可樂彼識住，計著住彼識住耶？」

答曰：「不也。」

「阿難！第二識住者，有色衆生若干身、一想，謂梵天初生不夭壽。若有比丘知彼識住、知識住習，知滅、知味、知患、知出要如真，阿難！此比丘寧可樂彼識住，計著住彼識住耶？」

答曰：「不也。」

阿難！第三識住，有色衆生一身、若干想，謂晃昱天。若有比丘知彼識住、知識住習，知滅、知味、知患、知出要如真，阿難！此比丘寧可樂彼識住，計著住彼識住耶？」

答曰：「不也。」

「阿難！第四識住者，有色衆生一身、一想，謂遍淨天。若有比丘知彼識住、知識住習，知滅、知味、知患、知出要如真，阿難！此比丘寧可樂彼識住，計著住彼識住耶？」

答曰：「不也。」

「阿難！第五識住者，無色衆生度一切色想，滅有對想，不念若干想，無量空處，是空處成就遊，謂無量空處天。若有比丘知彼識住、知識住習，知滅、知味、知患、知出要如真，阿難！此比丘寧可樂彼識住，計著住彼識住耶？」

答曰：「不也。」

「阿難！第六識住者，無色衆生度一切無量空處，無量識處，是識處成就遊，謂無量識處天。若有比丘知彼識住、知識住習，知滅、知味、知患、知出要如真，阿難！此比丘寧可樂彼識住，計著住彼識住耶？」

答曰：「不也。」

「阿難！第七識住者，無色衆生度一切無量識處，無所有處，是無所有處成就遊，謂無所有處天。若有比丘知彼識住、知識住習，知滅、知味、知患、知出要如真，阿難！此比丘寧可樂彼識住，計著住彼識住耶？」

答曰：「不也。」

「阿難！第一處者，有色衆生無想無覺，謂無想天，若有比丘知彼處、知彼處習，知滅、知味、知患、知出要如真，阿難！此比丘寧可樂彼處，計著住彼處耶？」

答曰：「不也。」

「阿難！第二處者，無色衆生度一切無所有處，非有想非無想處，是非有想非無想處成就遊，謂非有想非無想處天。若有比丘知彼處、知彼處習，知滅、知味、知患、知出要如真，阿難！此比丘寧可樂彼處，計著住彼處耶？」

答曰：「不也。」

「阿難！若有比丘彼七識住及二處知如真，心不染著，得解脫者，是謂比丘阿羅訶，名慧解脫。復次，阿難！有八解脫。云何爲八？色觀色，是謂第一解脫。復次，內無色想外觀色，是謂第二解脫。復次，淨解脫身作證成就遊，是謂第三解脫。復次，度一切色想，滅有對想，不念若干想，無量空處，是無量空處成就遊，是謂第四解脫。復次，度一切無量空處，無量識處，是無量識處成就遊，是謂第五解脫。復次，度一切無量識處，無所有處，是無所有處成就遊，是謂第六解脫。復次，度一切無所有處，非有想非無想處，是非有想非無想處成就遊，是謂第七解脫。復次，度一切非有想非無想處想，知滅解脫，身作證成就遊，及慧觀諸漏盡知，是謂第八解脫。阿難！若有比丘彼七識住及二處知如真，心不染著，得解脫，及此八解脫，順逆身作證成就遊，亦慧觀諸漏盡者，是謂比丘阿羅訶，名俱解脫。」

佛說如是，尊者阿難及諸比丘聞佛所說，歡喜奉行！

念處經

我聞如是：

一時，佛遊拘樓瘦，在劍磨瑟曇拘樓都邑。

爾時，世尊告諸比丘：「有一道淨衆生，度憂畏，滅苦惱，斷啼哭，得正法，謂四念處。若有過去諸如來、無所著、等正覺悉斷五蓋、心穢、慧羸，立心正住於四念處，修七覺支，得覺無上正盡之覺；若有未來諸如來、無所著、等正覺悉斷五蓋、心穢、慧羸，立正心住於四念處，修七覺支，得覺無上正盡之覺；我今現在如來、無所著、等正覺，我亦斷五蓋、心穢、慧羸，立正心住於四念處，修七覺支，得覺無上正盡之覺。

「云何為四？觀身如身念處，觀覺如覺念處，觀心如心念處，觀法如法念處。云何觀身如身念處？比丘者，行則知行，住則知住，坐則知坐，臥則知臥，眠則知眠，寤則知寤，眠寤則知眠寤。如是比丘觀內身如身，觀外身如身，立念在身，有知有見，有明有達，是謂比丘觀身如身。復次，比丘觀身如身。比丘者，正知出入，善觀分別，屈伸低仰，儀容庠序，善著僧伽梨及諸衣鉢，行住坐臥、眠寤語默皆正知之。如是比丘觀內身如身，觀外身如身，立念在身，有知有見，有明有達，是謂比丘觀身如身。

「復次，比丘觀身如身。比丘者，生惡不善念，以善法念治斷滅止，猶木工師、木工弟子，彼持墨繩，用絣於木，則以利斧斫治令直；如是比丘生惡不善念，以善法念治斷滅止。如是比丘觀內身如身，觀外身如身，立念在身，有知有見，有明有達，是謂比丘觀身如身。復次，比丘觀身如身。比丘者，齒齒相著，舌逼上齶，以心治心，治斷滅止，猶二力士捉一羸人，處處旋捉，自在打鍛；如是比丘齒齒相著，舌逼上齶，以心治心，治斷滅止。如是比丘觀內身如身，觀外身如身，立念在身，有知有見，有明有達，是謂比丘觀身如身。

「復次，比丘觀身如身。比丘者，念入息即知念入息，念出息即知念出息，入息長即知入息長，出息長即知出息長，入息短即知入息短，出息短即知出息短，學一切身息入，學一切身息出，學止身行息入，學止口行息出。如是比丘觀內身如身，觀外身如身，立念在身，有知有見，有明有達，是謂比丘觀身如身。

「復次，比丘觀身如身。比丘者，離生喜樂，漬身潤澤，普遍充滿於此身中，離生喜樂無處不遍，猶工浴人器盛澡豆，水和成摶，水漬潤澤，普遍充滿無處不周；如是比丘離生喜樂，漬身潤澤，普遍充滿於此身中，離生喜樂無處不遍。如是比丘觀內身如身，觀外身如身，立念在身，有知有見，有明有達，是謂比丘觀身如身。

「復次，比丘觀身如身。比丘者，定生喜樂，漬身潤澤，普遍充滿於此身中，定生喜樂無處不遍，猶如山泉，清淨不濁，充滿流溢，四方水來，無緣得入，即彼泉底，水自涌出，流溢於外，漬山潤澤，普遍充滿無處不周；如是比丘定生喜樂，漬身潤澤，普遍充滿於此身中，定生喜樂無處不遍。如是比丘觀內身如身，觀外身如身，立念在身，有知有見，有明有達，是謂比丘觀身如身。

「復次，比丘觀身如身。比丘者，無喜生樂，漬身潤澤，普遍充滿於此身中，無喜生樂無處不遍，猶青蓮華，紅、赤、白蓮，水生水長，在於水底，彼根莖華葉悉漬潤澤，普遍充滿無處不周；如是比丘伙無喜生樂，漬身潤澤，普遍充滿於此身中，無喜生樂無處不遍。如是比丘觀內身如身，觀外身如身，立念在身，有知有見，有明有達，是謂比丘觀身如身。

「復次，比丘觀身如身。比丘者，於此身中，以清淨心意解遍滿成就遊，於此身中，以清淨心無處不遍，猶有一人，被七肘衣或八肘衣，從頭至足，於其身體無處不覆；如是比丘於此身中，以清淨心無處不遍。如是比丘觀內身如身，觀外身如身，立念在身，有知有見，有明有達，是謂比丘觀身如身。

「復次，比丘觀身如身。比丘者，念光明想，善受善持，善憶所念，如前後亦然，如後前亦然，如晝夜亦然，如夜晝亦然，如下上亦然，如上下亦然，如是不顛倒，心無有纏，修光明心，心終不爲闇之所覆。如是比丘觀內身如身，觀外身如身，立念在身，有知有見，有明有達，是謂比丘觀身如身。

「復次，比丘觀身如身。比丘者，善受觀相，善憶所念，猶如有人，坐觀臥人，臥觀坐人；如是比丘善受觀相，善憶所念。如是比丘觀內身如身，觀外身如身，立念在身，有知有見，有明有達，是謂比丘觀身如身。

「復次，比丘觀身如身。比丘者，此身隨住，隨其好惡，從頭至足，觀見種種不淨充滿：我此身中有髮、髦、爪、齒、麤細薄膚、皮、肉、筋、骨、心、腎、肝、肺、大腸、小腸、脾、胃、摶糞、腦及腦根、淚、汗、涕、唾、膿、血、肪、髓、涎、痰、小便，猶如器盛若干種子，有目之士，悉見分明，謂稻、粟種、蔓菁、芥子；如是比丘此身隨住，隨其好惡，從頭至足，觀見種種不淨充滿：我此身中有髮、髦、爪、齒、麤細薄膚、皮、肉、筋、骨、心、腎、肝、肺、大腸、小腸、脾、胃、摶糞、腦及腦根、淚、汗、涕、唾、膿、血、肪、髓、涎、痰、小便。如是比丘觀內身如身，觀外身如身，立念在身，有知有見，有明有達，是謂比丘觀身如身。

「復次，比丘觀身如身。比丘者，觀身諸界：我此身中有地界、水界、火界、風界，空界、識界，猶如屠兒殺牛，剝皮布於地上，分作六段；如是比丘觀身諸界：我此身中地界、水界、火界、風界、空界、識界。如是比丘觀內身如身，觀外身如身，立念在身，有知有見，有明有達，是謂比丘觀身如身。

「復次，比丘觀身如身。比丘者，觀彼死屍，或一、二日……至六、七日，烏鵄所啄，豺狼所食，火燒埋地，悉腐爛壞，見已自比：今我此身亦復如是，俱有此法，終不得離。如是比丘觀內身如身，觀外身如身，立念在身，有知有見，有明有達，是謂比丘觀身如身。

「復次，比丘觀身如身。比丘者，如本見息道骸骨青色，爛腐餘半，骨鎖在地，見已自比：今我此身亦復如是，俱有此法，終不得離。如是比丘觀內身如身，觀外身如身，立念在身，有知有見，有明有達，是謂比丘觀身如身。復次，比丘觀身如身。比丘者，如本見息道，離皮肉血，唯筋相連，見已自比：今我此身亦復如是，俱有此法，終不得離。如是比丘觀內身身，觀外身如身，立念在身，有知有見，有明有達，是謂比丘觀身如身。

「復次，比丘觀身如身。比丘者，如本見息道骨節解散，散在諸方，足骨、膞骨、髀骨、髖骨、脊骨、肩骨、頸骨、髑髏骨，各在異處，見已自比：今我此身亦復如是，俱有此法，終不得離。如是比丘觀內身如身，觀外身如身，立念在身，有知有見，有明有達，是謂比丘觀身如身。復次，比丘觀身如身。比丘者，如本見息道骨白如螺，青猶鴿色，赤若血塗，腐壞碎粖，見已自比：今我此身亦復如是，俱有此法，終不得離。如是比丘觀內身如身，觀外身如身，立念在身，有知有見，有明有達，是謂比丘觀身如身。若比丘、比丘尼，如是少少觀身如身者，是謂觀身如身念處。

「云何觀覺（受）如覺（受）念處？比丘者，覺樂覺（受）時，便知覺樂覺；覺苦覺時，便知覺苦覺；覺不苦不樂覺時，便知覺不苦不樂覺；覺樂身、苦身、不苦不樂身，樂心、苦心、不苦不樂心，樂食、苦食、不苦不樂食，樂無食、苦無食、不苦不樂無食，樂欲、苦欲、不苦不樂欲，樂無欲覺、苦無欲覺、不苦不樂無欲覺時，便知覺不苦不樂無欲覺。如是比丘觀內覺如覺，觀外覺如覺，立念在覺，有知有見，有明有達，是謂比丘觀覺如覺。若比丘、比丘尼如是少少觀覺如覺者，是謂觀覺如覺念處。

「云何觀心如心念處？比丘者，有欲心知有欲心如真，無欲心知無欲心如真，有恚無恚、有癡無癡、有穢汙無穢汙、有合有散、有下有高、有小有大、修不修、定不定，有不解脫心知不解脫心如真，有解脫心知解脫心如真。如是比丘觀內心如心，觀外心如心，立念在心，有知有見，有明

有達，是謂比丘觀心如心。若有比丘、比丘尼如是少少觀心如心者，是謂觀心如心念處。、

「云何觀法如法念處？眼緣色生內結。比丘者，內實有結知內有結如真，內實無結知內無結如真，若未生內結而生者知如真，若已生內結滅不復生者知如真。如是耳、鼻、舌、身，意緣法生內結。比丘者，內實有結知內有結如真，內實無結知內無結如真，若未生內結而生者知如真，若已生內結滅不復生者知如真。如是比丘觀內法如法，觀外法如法，立念在法，有知有見，有明有達，是謂比丘觀法如法，謂內六處。

「復次，比丘觀法如法。比丘者，內實有欲知有欲如真，內實無欲知無欲如真，若未生欲而生者知如真，若已生欲滅不復生者知如真。如是瞋恚、睡眠、掉悔，內實有疑知有疑如真，內實無疑知無疑如真，若未生疑而生者知如真，若已生疑滅不復生者知如真。如是比丘觀內法如法，觀外

法如法，立念在法，有知有見，有明有達，是謂比丘觀法如法，謂五蓋也。

「復次，比丘觀法如法。比丘者，內實有念覺支知有念覺支如真，內實無念覺支知無念覺支如真，若未生念覺支而生者知如真，若已生念覺支便住不忘而不衰退，轉修增廣者知如真。如是擇法、精進、喜、息、定。比丘者，內實有捨覺支知有捨覺支如真，內實無捨覺支知無捨覺支如真，若未生捨覺支而生者知如真，若已生捨覺支便住不忘而不衰退，轉修增廣者知如真。如是比丘觀內法如法，觀外法如法，立念在法，有知有見，有明有達，是謂比丘觀法如法，謂七覺支。若有比丘、比丘尼如是少少觀法者，是謂觀法如法念處。

「若有比丘、比丘尼七年立心正住四念處者，彼必得二果，或現法得究竟智，或有餘得阿那含，置七年，六五四三二一年。若有比丘、比丘尼七月立心正住四念處者，彼必得二果，或現法得究竟竟智，或有餘得阿那含，置七月，六五四三二一月。若有比丘、比丘尼七日七夜立心正住四念處者，彼必得二果，或現法得究竟智，或有餘得阿那含，置七日七夜，六五四三二，置一日一夜。若有比丘、比丘尼少少須臾頃立心正住四念處者，彼朝行如是，暮必得昇進；暮行如是，朝必得昇進。」

佛說如是，彼諸比丘聞佛所說，歡喜奉行！

若陰經（下）

我聞如是：

一時，佛遊釋羈瘦，在加維羅衛尼拘類園。

爾時，釋摩訶男中後仿佯往詣佛所，稽首佛足，卻坐一面，白曰：「世尊！我如是知世尊法，令我心中得滅三穢：染心穢、恚心穢、癡心穢。世尊！我如是知此法，然我心中復生染法、恚法、癡法，世尊！我作是念：我有何法不滅，令我心中復生染法、恚法、癡法耶？」

世尊告曰：「摩訶男！汝有一法不滅，謂汝住在家，不至信、捨家、無家、學道。摩訶男！若汝滅此一法者，汝必不住在家，必至信、捨家、無家、學道。汝因一法不滅故，住在家，不至信、捨家、無家、學道。」

於是，釋摩訶男即從座起，偏袒著衣，叉手向佛，白世尊曰：「唯願世尊爲我說法！令我心淨，除疑得道！」

世尊告曰：「摩訶男！有五欲功德可愛、可念、歡喜，欲相應而使人樂，云何爲五？謂眼知色、耳知聲、鼻知香、舌知味、身知觸，由此令王及王眷屬得安樂歡喜。摩訶男！極是欲味無復過是，所患甚多。」

「摩訶男！云何欲患？摩訶男！族姓子者，隨其技術，以自存活，或作田業、或行治生、或以學書、或明算術、或知工數、或巧刻印、或作文章、或造手筆、或曉經書、或作勇將、或奉事王。彼寒時則寒，熱時則熱，飢渴、疲勞、蚊虻所蜇，作如是業，求圖錢財。摩訶男！此族姓子如是方便作如是行，作如是求，若不得錢財者，便生憂苦、愁慼、懊惱，心則生癡，作如是說：『唐作唐苦！所求無果。』摩訶男！彼族姓子如是方便作如是行，作如是求，若得錢財者，彼便愛惜守護密藏，所以者何？『我此財物莫令王奪、賊劫、火燒、腐壞、亡失，出財無利，或作諸業，而不成就。』彼作如是守護密藏，若使王奪、賊劫、火燒、腐壞、亡失，彼便生憂苦、愁慼、懊惱，心則生癡，作如是說：『若有長夜所可愛念者，彼則亡失。』摩訶男！如是現法苦陰，因欲緣欲，以欲爲本。

「摩訶男！復次，衆生因欲緣欲，以欲爲本故，母共子諍，子共母諍，父子、兄弟、姊妹、親族展轉共諍，彼既如是共鬥諍已，母說子惡，子說母惡，父子、兄弟、姊妹、親族更相說惡，況復他人。摩訶男！是謂現法苦陰，因欲緣欲，以欲爲本。摩訶男！復次，衆生因欲緣欲，以欲爲本故，王王共諍，梵志梵志共諍，居士居士共諍，民民共諍，國國共諍，彼因鬥諍共相憎故，以種種器仗，轉相加害，或以拳扠石擲，或以杖打刀斫。彼當鬥時，或死、或怖，受極重苦。摩訶男！是謂現法苦陰，因欲緣欲，以欲爲本。

「摩訶男！復次，衆生因欲緣欲，以欲爲本故，著鎧被袍，持猾弓箭，或執刀楯入在軍陣，或以象鬥，或馬、或車，或以步軍，或以男女鬥。彼當鬥時，或死、或怖，受極重苦。摩訶男！是謂現法苦陰，因欲緣欲，以欲爲本。摩訶男！復次，衆生因欲緣欲，以欲爲本故，著鎧被袍，持猾弓箭，或執刀楯往奪他國，攻城破塢，共相格戰，打鼓吹角，高聲喚呼。或以槌打，或以鉾戟，或以利輪，或以箭射，或亂下石，或以大弩，或以融銅珠子灑之。彼當鬥時，或死、或怖，受極重苦。摩訶男！是謂現法苦陰，因欲緣欲，以欲爲本。

「摩訶男！復次，衆生因欲緣欲，以欲爲本故，著鎧被袍，持猾弓箭，或執刀楯入村、入邑、入國、入城，穿牆發藏，劫奪財物，斷截王路。或至他巷，壞村、害邑、滅國、破城。於中或爲王人所捉，種種拷治：截手、截足或截手足，截耳、截鼻或截耳鼻，或臠臠割，拔鬚、拔髮或拔鬚髮，或著檻中衣裹火燒，或以沙壅卓纏火焫，或內鐵驢腹中，或著鐵豬口中，或置鐵虎口中燒，或安銅釜中，或著鐵釜中煮，或段段截，或利叉刺，或鐵鉤鉤，或臥鐵床以沸油澆，或坐鐵臼以鐵杵擣，或龍蛇蜇，或以鞭鞭，或以杖撾，或以棒打，或生貫高標上，或梟其首。彼在其中，或死、或怖，受極重苦。摩訶男！是謂現法苦陰，因欲緣欲，以欲為本。

「摩訶男！復次，衆生因欲緣欲，以欲為本故，行身惡行，行口、意惡行，彼於後時疾病著床，或坐、臥地，以苦逼身，受極重苦，不可愛樂。彼若有身惡行，口、意惡行，彼臨終時在前覆障，猶日將沒大山崗側，影障覆地。如是，彼若有身惡行，口、意惡行，在前覆障，彼作是念：我本惡行在前覆我，我本不作福業，多作惡業，若使有人作惡兇暴唯為罪，不作福、不行善，無所畏、無所依、無所歸，隨生處者，我必生彼。從是有悔，悔者不善死，無福命終。摩訶男！是謂現法苦陰，因欲緣欲，以欲爲本。

「摩訶男！復次，衆生因欲緣欲，以欲爲本故，行身惡行，行口、意惡行，彼因身、口意惡行故，因此、緣此，身壞命終，必至惡處，生地獄中。摩訶男！是謂後世苦陰，因欲緣欲，以欲爲本。摩訶男！是故當知欲一向無樂，無量苦患，多聞聖弟子不見如真者，彼爲欲所覆，不得「捨」樂及無上「息」。摩訶男！如是彼多聞聖弟子因欲退轉。摩訶男！我知欲無樂，無量苦患，我知如真已，摩訶男！（我）不爲欲所覆，亦不爲惡所纏，便得捨樂及無上息。摩訶男！是故我不因欲退轉。

「摩訶男！一時，我遊王舍城，住鞞哆邏山仙人七葉屋。摩訶男！我於晡時，從宴坐起，往至廣山，則於彼中見衆多尼犍，行不坐行，常立不坐，受極重苦。我往問曰：『諸尼犍！汝等何故行此不坐行，常立不坐，受如是苦。』彼如是說：『瞿曇！我有尊師尼犍，名曰親子，彼則教我作如是說：諸尼犍等！汝若宿命有不善業，因此苦行故，必當得盡。若今身妙行護，口、意妙行護，因緣此故，不復作惡不善之業。』

「摩訶男！我復問曰：『諸尼犍！汝等信尊師無有疑耶？』彼復答我：『如是，瞿曇！我等信尊師無有疑惑。』摩訶男！我復問曰：『尼犍！若爾者，汝等尊師尼犍本重作惡不善之業，彼本作尼犍死，今生人間出家作尼犍，行不坐行，常立不坐，受如是苦，如汝等輩及弟子也。』彼復語我曰：『瞿曇！樂不因樂要因苦得，如頻鞞娑羅王樂，沙門瞿曇不如也。』

「我復語曰：『汝等癡狂，所說無義，所以者何？汝等不善，無所曉了，而不知時，謂汝作是說：如頻鞞娑羅王樂，沙門瞿曇不如也。尼犍！汝等本應如是問：誰樂勝，為頻鞞娑羅王，為沙門瞿曇耶？尼犍！若我如是說我樂勝，頻鞞娑羅王不如者，尼犍！汝等可得作是語：如頻鞞娑羅王樂，沙門瞿曇不如也。』彼諸尼犍即如是說：『瞿曇！我等今問沙門瞿曇，誰樂勝，爲頻鞞娑羅王，爲沙門瞿曇耶？』我復語曰：『尼犍！我今問汝，隨所解答。諸尼犍等，於意云何？頻鞞娑羅王可得如意靜默無言，因是七日七夜得歡喜快樂耶？』尼犍答曰：『不也，瞿曇！』『六五四三二，一日一夜得歡喜快樂耶？』尼犍答曰：『不也，瞿曇！』復問曰：『尼犍！我可得如意靜默無言，因是一日一夜得歡喜快樂耶？』尼犍答曰：『如是，瞿曇！』『二三四五六，七日七夜得歡喜快樂耶？』尼犍答曰：『如是，瞿曇！』我復問曰：『諸尼犍等！於意云何？誰樂勝，爲頻鞞娑羅王，爲是我耶？』尼犍答曰：『瞿曇！如我等受解沙門瞿曇所說，瞿曇樂勝，頻鞞娑羅王不如也。』

「摩訶男！因此故知，欲無樂，有無量苦患。若多聞聖弟子不見如真者，彼爲欲所覆，惡、不善所纏，不得捨樂及無上息。摩訶男！如是彼多聞聖弟子爲欲退轉。摩訶男！我知欲無樂，有無量苦患，我知如真已，不爲欲所覆，亦不爲惡不善法所纏，便得捨樂及無上息。摩訶男！是故我不爲欲退轉。」

佛說如是，釋摩訶男及諸比丘聞佛所說，歡喜奉行！

林經（上）

我聞如是：

一時，佛遊舍衛國，在勝林給孤獨園。

爾時，世尊告諸比丘：「比丘者，依一林住。依此林住已，或無正念便得正念，其心不定而得定心，若不解脫便得解脫，諸漏不盡而得漏盡，不得無上安隱涅槃則得涅槃；學道者所須衣被、飲食、床榻、湯藥、諸生活具，彼一切求索，易不難得，彼比丘依應此林住可終身至其命盡。

「依此林住已，若無正念不得正念，其心不定不得定心，若不解脫不得解脫，諸漏不盡不得漏盡，不得無上安隱涅槃，然不得涅槃；學道者所須衣被、飲食、床榻、湯藥、諸生活具，彼一切求索，易不難得。彼比丘應作是觀：我出家學道，不爲衣被故，不爲飲食、床榻、湯藥故，亦不爲諸生活具故，然我依此林住，或無正念不得正念，其心不定不得定心，若不解脫不得解脫，諸漏不盡不得漏盡，不得無上安隱涅槃，然不得涅槃；學道者所須衣被、飲食、床榻、湯藥、諸生活具，彼一切求，易不難得，彼比丘如是觀已，可捨此林去。

「依此林住已，或無正念便得正念，其心不定而得定心，若不得解脫便得解脫，諸漏不盡而得漏盡，不得無上安隱涅槃則得涅槃；學道者所須衣被、飲食、床榻、湯藥、諸生活具，彼一切求索，甚難可得。彼比丘應作是觀：我出家學道，不爲衣被故，不爲飲食、床榻、湯藥故，亦不爲諸生活具故，然依此林住，或無正念便得正念，其心不定而得定心，若不解脫便得解脫，諸漏不盡而得漏盡，不得無上安隱涅槃則得涅槃；學道者所須衣被、飲食、床榻、湯藥、諸生活具，彼一切求索，甚難可得。彼比丘如是觀已，可住此林。

「依此林住已，或無正念不得正念，其心不定不得定心，若不解脫不得解脫，諸漏不盡不得漏盡，不得無上安隱涅槃，然不得涅槃；學道者所須衣被、飲食、床榻、湯藥、諸生活具，彼一切求索，甚難可得。彼比丘應作是觀：我依此林住，或無正念不得正念，其心不定不得定心，若不解脫不得解脫，諸漏不盡不得漏盡，不得無上安隱涅槃，然不得涅槃；學道者所須衣被、飲食、床榻、湯藥、諸生活具，彼一切求索，甚難可得。彼比丘如觀已，即捨此林，夜半而去，莫與彼別。

「如依林住，塚間、村邑、依於人住亦復如是。

佛說如是，彼諸比丘聞佛所說，歡喜奉行！

達梵行經

我聞如是：

一時，佛遊拘樓瘦，在劍磨瑟曇拘樓都邑。

爾時，世尊告諸比丘：「我當爲汝說法，初妙、中妙、竟亦妙，有文有義，具足清淨，顯現梵行，謂名達梵行，能盡諸漏。汝等諦聽！善思念之。」時，諸比丘受教而聽。

世尊告曰：「汝等當知漏，知漏所因生，知漏有報，知漏勝如，知漏滅盡，知漏滅道。汝等當知覺，知覺所因生，知覺有報，知覺勝如，知覺滅盡，知覺滅道。汝等當知想，知想所因生，知想有報，知想勝如，知想滅盡，知想滅道。汝等當知欲，知欲所因生，知欲有報，知欲勝如，知欲滅盡，知欲滅道。汝等當知業，知業所因生，知業有報，知業勝如，知業滅盡，知業滅道。汝等當知苦，知苦所因生，知苦有報，知苦勝如，知苦滅盡，知苦滅道。

「云何知漏？謂有三漏：欲漏、有漏、無明漏，是謂知漏。云何知漏所因生？謂無明也，因無明則便有漏，是謂知漏所因生。云何知漏有報？謂無明纏者，爲諸漏所漬，彼因此受報，或得善處，或得惡處，是謂知漏有報。云何知漏勝如？謂或有漏生地獄中，或有漏生畜生中，或有漏生餓鬼中，或有漏生天上，或有漏生人間，是謂知漏勝如。云何知漏滅盡？謂無明滅，漏便滅，是謂知漏滅盡。云何知漏滅道？謂八支聖道，正見……乃至正定爲八，是謂知漏滅道。若比丘如是知漏，知漏所因生，知漏受報，知漏勝如，知漏滅盡，知漏滅道者，是謂達梵行，能盡一切漏。

「云何知覺（受、領納）？謂有三覺：樂覺、苦覺、不苦不樂覺，是謂知覺。云何知覺所因生？謂更樂（觸）也，因更樂（觸）則便有覺，是謂知覺所因生。云何知覺有報？謂愛（渴愛、貪染）也，愛爲覺報，是謂知覺有報。云何知覺勝如？謂比丘者，覺樂覺時便知覺樂覺，覺苦覺時便知覺苦覺，覺不苦不樂覺時便知覺不苦不樂覺；樂身、苦身、不苦不樂身，樂心、苦心、不苦不樂心，樂食、苦食、不苦不樂食，樂無食、苦無食、不苦不樂無食，樂欲、苦欲、不苦不樂欲，樂無欲覺、苦無欲覺、不苦不樂無欲覺時，便知覺不苦不樂無欲覺，是謂知覺勝如。云何知覺滅盡？謂更樂（觸）滅，覺（觸）便滅，是謂知覺滅盡。云何知覺滅道？謂八支聖道，正見……乃至正定爲八，是謂知覺滅道。若比丘如是知覺，知覺所因生，知覺有報，知覺勝如，知覺滅盡，知覺滅道者，是謂達梵行，能盡一切覺。

「云何知想？謂有四想。比丘者，小想亦知，大想亦知，無量想亦知，無所有處想亦知，是謂知想。云何知想所因生？謂更樂（觸）也，因更樂（觸）則便有想，是謂知想所因生。云何知想有報？謂說也，隨其想便說，是謂知想有報。云何知想勝如？謂或有想想色，或有想想聲，或有想想香，或有想想味，或有想想觸，是謂知想勝如。云何知想滅盡？謂更樂（觸）滅想便滅，是謂知想滅盡。云何知想滅道？謂八支聖道，正見……乃至正定爲八，是謂知想滅道。若比丘如是知想，知想所因生，知想有報，知想勝如，知想滅盡，知想滅道者，是謂達梵行，能盡一切想。

「云何知欲？謂有五欲功德，可愛、可喜、美色、欲想應、甚可樂。云何爲五？眼知色，耳知聲，鼻知香，舌知味，身知觸，是謂知欲。云何知欲所因生？謂更樂（觸）也，因更樂（觸）則便有欲，是謂知欲所因生。云何知欲有報？謂隨欲種愛樂，著而住彼，因此受報：有福處、無福處、不動處，是謂知欲有報。云何知欲勝如？謂或有欲欲色，或有欲欲聲，或有欲欲香，或有欲欲味，或有欲欲觸，是謂知欲勝如。云何知欲滅盡？謂更樂（觸）滅欲便滅，是謂知欲滅盡。云何知欲滅道？謂八支聖道，正見……乃至正定為八，是謂知欲滅道。若比丘如是知欲，知欲所因生，知欲受報，知欲勝如，知欲滅盡，知欲滅道者，是謂達梵行，能盡一切欲。

「云何知業？謂有二業：思、已思業，是謂知業。云何知業所因生？謂更樂（觸）也，因更樂（觸）則便有業，是謂知業所因生。云何知業有報？謂或有業黑有黑報，或有業白有白報，或有業黑白黑白報，或有業不黑不白無報，業業盡，是謂知業有報。云何知業勝如？謂或有業生地獄中，或有業生畜生中，或有業生餓鬼中，或有業生天上，或有業生人間，是謂知業勝如。云何知業滅盡？謂更樂（觸）滅業便滅，是謂知業滅盡。

云何知業滅道？謂八支聖道，正見……乃至正定爲八，是謂知業滅道。若比丘如是知業，知業所因生，知業有報，知業勝如，知業滅盡，知業滅道者，是謂達梵行，能盡一切業。

「云何知苦？謂生苦、老苦、病苦、死苦、怨憎會苦、愛別離苦、所求不得苦、略五盛陰苦，是謂知苦。云何知苦所因生？謂愛也，因愛生苦，是謂知苦所因生。云何知苦有報？謂或有苦微遲（慢）滅，或有苦微疾（快）滅，或有苦盛遲滅，或有苦盛疾滅，苦苦盡，是謂知苦有報。云何知苦勝如？謂不多聞愚癡凡夫，不遇善知識，不御聖法，身生覺極苦甚重苦，命將欲絕，出此從外，更求於彼。或有沙門、梵志持一句咒，或二、三、四、多句咒，或持百句咒，彼治我苦，如是因求生苦，因集生苦，苦滅，是謂知苦勝如。云何知苦滅盡？謂愛滅苦便滅，是謂知苦滅盡。云何知苦滅道？謂八支聖道，正見……乃至正定爲八，是謂知苦滅道。若比丘如是知苦，知苦所因生，知苦有報，知苦勝如，知苦滅盡，知苦滅道者，是謂達梵行，能盡一切苦。」

佛說如是，彼諸比丘聞佛所說，歡喜奉行！

諸法本經

我聞如是：

一時，佛遊舍衛國，在勝林給孤獨園。

爾時，世尊告諸比丘：「若諸異學來問汝等：『一切諸法以何爲本（根本）？』汝等應當如是答彼：『一切諸法以欲（希求）爲本。』彼若復問：『以何爲和（起因）？』當如是答：『以更樂（觸）爲和（起因）。』彼若復問：『以何爲來（會合、等趣）？』當如是答：『以覺（受、領納）爲來。』彼若復問：『以何爲有（生成）？』當如是答：『以思想（作息）爲有。』彼若復問：『以何爲上主？』當如是答：『以念爲上主（威力、增上）。』彼若復問：『以何爲前（上首、先頭）？』當如是答：『以定爲前。』彼若復問：『以何爲上（最上）？』當如是答：『以慧（智慧）爲上。』彼若復問：『以何爲真（真實、堅實）？』當如是答：『以解脫爲真。』彼若復問：『以何爲訖（究竟）。』當如是答：『以涅槃（寂滅）爲訖。』是爲比丘欲爲諸法本，更樂（觸）爲諸法和，覺（受、領納）爲諸法來，思想爲諸法有，念爲諸法上主，定爲諸法前，慧爲諸法上，解脫爲諸法真，涅槃爲諸法訖，是故比丘當如是學。

「習出家學道心，習無常想，習無常苦想，習苦無我想，習不淨想，習惡食想，習一切世間不可樂想，習死想，知世間好惡，習如是想心；知世間習有，習如是想心；知世間習、滅、味、患、出要如真，習如是想心。若比丘得習出家學道心者，得習無常想，得習無常苦想，得習苦無我想，得習不淨想，得習惡食想，得習一切世間不可樂想，得習死想，知世間好惡，得習如是想心；知世間習有，得習如是想心；知世間習、滅、味、患、出要如真，得習如是想心者，是謂比丘斷愛除結，正知正觀諸法已，便得苦邊。」

佛說如是，彼諸比丘聞佛所說，歡喜奉行！

優婆塞經

我聞如是：

一時，佛遊舍衞國，在勝林給孤獨園。

爾時，給孤獨居士與大優婆塞衆五百人俱，往詣尊者舍梨子所，稽首作禮，卻坐一面；五百優婆塞亦爲作禮，卻坐一面。給孤獨居士及五百優婆塞坐一面已，尊者舍梨子爲彼說法，勸發渴仰，成就歡喜。無量方便爲彼說法，勸發渴仰，成就歡喜已，即從座起，往詣佛所，稽首佛足，卻坐一面。尊者舍梨子去後不久，給孤獨居士及五百優婆塞亦詣佛所，稽首佛足，卻坐一面。

尊者舍梨子及衆坐已定，世尊告曰：「舍梨子！若汝知白衣聖弟子善護行五法及得四增上心，現法樂居，易不難得。舍梨子！汝當記別聖弟子地獄盡，畜生、餓鬼及諸惡處亦盡，得須陀洹，不墮惡法，定趣正覺，極受七有，天上人間七往來已而得苦邊。

「舍梨子！云何白衣聖弟子善護行五法？白衣聖弟子者，離殺，斷殺，棄捨刀杖，有慚有愧，有慈悲心，饒益一切乃至昆蟲，彼於殺生淨除其心。白衣聖弟子善護行，此第一法。

「復次，舍梨子！白衣聖弟子離不與取、斷不與取，與而後取，樂於與取，常好布施，歡喜無吝，不望其報，不以偷所覆，常自護已，彼於不與取淨除其心。白衣聖弟子善護行，此第二法。

「復次，舍梨子！白衣聖弟子離邪淫、斷邪淫，彼或有父所護，或母所護，或父母所護，或兄弟所護，或姊妹所護，或婦父母所護，或親親所護，或同姓所護，或爲他婦女，有鞭罰恐佈，及有名雇賃至華鬘親；不犯如是女，彼於邪淫淨除其心。白衣聖弟子善護行，此第三法。

「復次，舍梨子！白衣聖弟子離妄言、斷妄言，真諦言，樂真諦，住真諦不移動，一切可信，不欺世間，彼於妄言淨除其心。白衣聖弟子善護行，此第四法。

「復次，舍梨子！白衣聖弟子離酒、斷酒，彼於飲酒淨除其心。白衣聖弟子善護行，此第五法。

「舍梨子！白衣聖弟子云何得四增上心，現法樂居，易不難得？白衣聖弟子念如來：彼如來、無所著、等正覺、明行成爲、善逝、世間解、無上士、道法御、天人師，號佛、衆祐。如是念如來已，若有惡欲即便得滅，心中有不善、穢汙、愁苦、憂慼亦復得滅。白衣聖弟子攀緣如來，心靜得喜，若有惡欲即便得滅，心中有不善、穢汙、愁苦、憂慼亦復得滅。

白衣聖弟子得第一增上心，現法樂居，易不難得。

「復次，舍梨子！白衣聖弟子念法：世尊善說法，必至究竟，無煩無熱，常有不移動。如是觀、如是覺、如是知、如是念法已，若有惡欲即便得滅，心中有不善、穢汙、愁苦、憂慼亦復得滅。白衣聖弟小攀緣法，心靜得喜，若有惡欲即便得滅，心中有不善、穢汙、愁苦、憂慼亦復得滅。白衣聖弟子得此第二增上心。

「復次，舍梨子！白衣聖弟子念衆：如來聖衆善趣正趣，向法次法，順行如法，彼衆實有阿羅訶、趣阿羅訶，有阿那含、趣阿那含，有斯陀含、趣斯陀含，有須陀洹、趣須陀洹，是謂四雙八輩。謂如來衆成就尸賴，成就三昧，成就般若，成就解脫，成就解脫知見，可敬可重，可奉可供，世良福田。彼如是念如來衆，若有惡欲即便得滅，心中有不善、穢汙、愁苦、憂慼亦復得滅。白衣聖弟子攀緣如來衆，心靜得喜，若有惡欲即便得滅，心中有不善、穢汙、愁苦、憂慼亦復得滅。白衣聖弟子是謂得第三增上心，現法樂居，易不難得。

「復次，舍梨子！、白衣聖弟子自念尸賴（戒）：此尸賴不缺不穿，無穢無濁，住如地不虛妄，聖所稱譽，具善受持。彼如是自念尸賴，若有惡欲即便得滅，心中有不善、穢汙、愁苦、憂慼亦復得滅。白衣聖弟子攀緣尸賴，心靜得喜，若有惡欲即便得滅，心中有不善、穢汙、愁苦、憂慼亦復得滅。白衣聖弟子是謂得第四增上心，現法樂居，易不難得。

「舍梨子！若汝知白衣聖弟子善護行此五法，得此四增上心，現法樂居，易不難得者，舍梨子！汝記別白衣聖弟子地獄盡，畜生、餓鬼及諸惡處亦盡，得須陀洹，不墮惡法，定趣正覺，極受七有，天上人間七往來已而得苦邊。」於是，世尊說此頌曰：

慧者住在家，見地獄恐怖，

因受持聖法，除去一切惡。
不殺害眾生，知而能捨離，
真諦不妄言，不盜他財物。
自有婦知足，不樂他人妻，
捨離斷飲酒，心亂狂癡本。
常當念正覺，思惟諸善法，
念眾觀尸賴，從是得歡喜。
欲行其布施，當以望其福，
先施於息心，如是成果報。
我今說息心，舍梨子善聽。
若有黑及白，赤色之與黃，
尨色愛樂色，牛及諸鴿鳥，

隨彼所生處，良御牛在前。
身力成具足，善速往來快，
取彼之所能，莫以色為非。
如是此人間，若有所生處，
剎帝利梵志，居士本工師；
隨彼所生處，長老淨持戒，
世無著善逝，施彼得大果。
愚癡無所知，無慧無所聞，
施彼得果少，無光無所照。
若光有所照，有慧佛弟子，
信向善逝者，根生善堅住。
彼是生善處，如意往人家，

最後得涅槃，如是各有緣。

佛說如是，尊者舍梨子及諸比丘、給孤獨居士、五百優婆塞聞佛所說，歡喜奉行！

至邊經

我聞如是：

一時，佛遊舍衞國，在勝林給孤獨園。

爾時，世尊告諸比丘：「於生活中下極至邊，謂行乞食。世間大諱，謂爲禿頭手擎鉢行，彼族姓子爲義故受。所以者何？以厭患生老病死、愁慼啼哭、憂苦懊惱，或得此淳具足大苦陰邊。汝等非如是心出家學道耶？」

時，諸比丘白曰：「如是。」

世尊復告諸比丘曰：「彼愚癡人以如是心出家學道，而行伺欲染著至重，濁纏心中，憎嫉無信，懈怠失正念，無正定，惡慧心狂，掉亂諸根，持戒極寬，不修沙門，不增廣行；猶人以墨浣墨所汙，以血除血，以垢除垢，以濁除濁，以廁除廁，但增其穢，從冥入冥，從闇入闇。我說彼愚癡人持沙門戒亦復如是，謂彼人行伺欲染著至重，濁纏心中，憎嫉無信，懈怠失正念，無正定，惡慧心狂，掉亂諸根，持戒極寬，不修沙門，不增廣行。猶無事處燒人殘木，彼火爐者，非無事所用，亦非村邑所用。我說彼愚癡人持沙門戒亦復如是，謂彼人行伺欲染著至重，濁纏心中，憎嫉無信，懈怠失正念，無正定，惡慧心狂，掉亂諸根，持戒極寬，不修沙門，不增廣行。」於是，世尊說此頌曰：

愚癡失欲樂，復失沙門義，
俱忘失二邊，猶燒殘火爐。
猶如無事處，燒人殘火爐。

無事、村不用，人著欲亦然，

猶燒殘火燼，俱忘失二邊。

佛說如是，彼諸比丘聞佛所說，歡喜奉行！

瞿默目犍連經

我聞如是：

一時，佛般涅槃後不久，尊者阿難遊王舍城。

爾時，摩竭陀大臣雨勢治王舍城，爲防跋耆故，於是，摩竭陀大臣雨勢遣瞿默目犍連田作人，往至竹林迦蘭哆園。

爾時，尊者阿難過夜平旦，著衣持鉢，爲乞食故，入王舍城。於是，尊者阿難作是念：且置王舍城乞食，我寧可往詣瞿默目犍連田作人所。於是，尊者阿難往詣瞿默目犍連田作人所。

梵志瞿默目犍連遙見尊者阿難來，即從座起，偏袒著衣，叉手向尊者阿難，白曰：「善來，阿難！久不來此，可坐此座。」尊者阿難即坐彼座。

梵志瞿默目犍連與尊者阿難共相問訊，卻坐一面，白曰：「阿難！欲有所問，聽我問耶？」

尊者阿難報曰：「目犍連！汝便可問，我聞當思。」

則便問曰：「阿難！頗有一比丘與沙門瞿曇等耶？」

尊者阿難與梵志瞿默目犍連共論此事時，爾時，摩竭陀大臣雨勢慰勞田作人，往詣梵志瞿默目犍連田作人所。

摩竭陀大臣雨勢遙見尊者阿難坐在梵志瞿默目犍連田作人中，往詣尊者阿難所，共相問訊，卻坐一面，問曰：「阿難！與梵志瞿默目犍連共論何事？以何事故共會此耶？」

尊者阿難答曰：「雨勢！梵志瞿默目犍連問我：『阿難！頗有一比丘

與沙門瞿曇等耶？』」

摩竭陀大臣雨勢復問曰：「阿難！云何答彼？」

尊者阿難答曰：「雨勢！都無一比丘與世尊等等。」

摩竭陀大臣雨勢復問曰：「唯然，阿難！無一比丘與世尊等等。頗有一比丘為沙門瞿曇在時所立：此比丘我般涅槃後，為諸比丘所依，謂令汝等今所依耶？」

尊者阿難答曰：「雨勢！都無一比丘為世尊所知、見，如來、無所著、等正覺在時所立：此比丘我般涅槃後，為諸比丘所依，謂令我等今所依者。」

摩竭陀大臣雨勢復問曰：「阿難！唯然，無一比丘與沙門瞿曇等等，亦一比丘為沙門瞿曇在時所立：此比丘我般涅槃後，為諸比丘所依，謂令汝等今所依者。頗有一比丘與衆共和集拜：此比丘世尊般涅槃後，為諸比丘所依，謂令汝等今所依耶？」

尊者阿難答曰：「雨勢！亦無一比丘與衆共和集拜：此比丘世尊般涅槃後，爲諸比丘所依，謂令我等今所依者。」

摩竭陀大臣雨勢復問曰：「阿難！唯然，無一比丘與沙門瞿曇等等，亦無一比丘爲沙門瞿曇在時所立：此比丘我般涅槃後，爲諸比丘所依，謂令汝等今所依者。亦無一比丘與衆共和集拜：此比丘我般涅槃後，爲諸比丘所依，謂令我等今所依者。亦無一比丘與衆共和集拜：此比丘世尊般涅槃後，爲諸比丘所依，謂令汝等今所依者。阿難！若爾者，汝等無所依，共和合、不諍、安隱，同一一教，合一水乳，快樂遊行，如沙門瞿曇在時耶？」

尊者阿難告曰：「雨勢！汝莫作是說，言我等無所依。所以者何？我等有所依耳。」

摩竭陀大臣雨勢白曰：「阿難！前後所說何不相應？阿難向如是說：『無一比丘與世尊等等，亦無一比丘爲世尊所知、見，如來、無所著、等正覺在時所立：此比丘世尊般涅槃後，爲諸比丘所依，謂令我等今所依者，亦無一比丘與衆共和集拜，此比丘世尊般涅槃後，爲諸比丘所依，謂令我等今所依者。』阿難！何因何緣，今說我有所依耶？」

尊者阿難答曰：「雨勢！我等不依於人而依於法。雨勢！我等若依村邑遊行，十五日說從解脫時，集坐一處，若有比丘知法者，我等請彼比丘爲我等說法。若彼衆清淨者，我等一切歡喜奉行彼比丘所說，若彼衆不清淨者，隨法所說，我等教作是。」

摩竭陀大臣雨勢白曰：「阿難！非汝等教作是，但法教作是。阿難！如是少法、多法可得久住者。如是阿難等共和合、不諍、安隱，同一一教，合一水乳，快樂遊行，如沙門瞿曇在時。」

摩竭陀大臣雨勢復問曰：「阿難！頗有可尊敬耶？」

尊者阿難答曰：「雨勢！有可尊敬。」

雨勢白曰：「阿難！前後所說何不相應？阿難向如是說：『無一比丘與世尊共等等，亦無一比丘為世尊在時所立：此比丘我涅槃後，為諸比丘所依，謂令我等今所依者。亦無一比丘與衆共和集拜：此比丘世尊般涅槃後，為諸比丘所依，謂令我等今所依者。』阿難！汝何因何緣，今說有可尊敬耶？」

尊者阿難答曰：「雨勢！世尊知、見、如來、無所著、等正覺說有十法而可尊敬。我等若見比丘有此十法者，則共愛敬、尊重、供養、宗奉，禮事於彼比丘。云何為十？雨勢！比丘修習禁戒，守護從解脫，又復善攝威儀禮節，見纖芥罪，常懷畏怖，受持學戒。雨勢！我等若見比丘極行增上戒者，則共愛敬、尊重、供養、宗奉，禮事於彼比丘。復次，雨勢！比丘廣學多聞，守持不忘，積聚博聞，所謂法者，初妙、中妙、竟亦妙，有義有文，具足清淨，顯現梵行，如是諸法廣學，多聞誦習至千，意所惟觀，明見深達。雨勢！我等若見比丘極多聞者，則共愛敬、尊重、供養、宗奉，禮事於彼比丘。

「復次，雨勢！比丘作善知識，作善朋友，作善伴黨。雨勢！我等若見比丘極善知識者，則共愛敬、尊重、供養、宗奉，禮事於彼比丘。復次，雨勢！比丘樂住遠離，成就二遠離，身及心也。雨勢！我等若見比丘極樂住遠離者，則共愛敬、尊重、供養、宗奉，禮事於彼比丘。復次，雨勢比丘樂於燕坐，內行正止，亦不離伺，成就於觀，增長空行。雨勢！我等若見比丘極樂燕坐者，則共愛敬、尊重、供養、宗奉，禮事於彼比丘。

「復次，雨勢！比丘知足，衣取覆形，食取充軀，隨所遊至，與衣鉢俱，行無顧戀，猶如鷹鳥，與兩翅俱，飛翔空中。如是比丘知足，衣取覆形，食取充軀，隨所遊至，與衣鉢俱，行無顧戀。雨勢！我等若見比丘極知足者，則共愛敬、尊重、供養、宗奉，禮事於彼比丘。復次，雨勢！比丘常行於念，成就正念，久所曾習，久所曾聞，恒憶不忘。雨勢！我等若見比丘極有正念者，則共愛敬、尊重、供養、宗奉，禮事於彼比丘。復次，雨勢！比丘常行精進，斷惡不善，修諸善法，恒自起意，專一堅固，爲諸善本，不捨方便。雨勢！我等若見比丘極精勤者，則共愛敬、尊重、供養、宗奉，禮事於彼比丘。

「復次，雨勢！比丘修行智慧，觀興衰法，得如此智，聖慧明達，分別曉了，以正盡苦。雨勢！我等若見比丘極行慧者，則共愛敬、尊重、供養、宗奉，禮事於彼比丘。復次，雨勢！比丘諸漏已盡，而得無漏，心解脫、慧解脫，自知自覺，自作證成就遊：生已盡，梵行已立，所作已辦，不更受有，知如真。雨勢！我等若見比丘諸漏盡者，則共愛敬、尊重、供養、宗奉，禮事於彼比丘。雨勢！世尊知見，如來、無所著、等正覺說此十法；而可尊敬。雨勢！我等若見比丘行此十法者，則共愛敬、尊重、供養、宗奉禮事於彼比丘。」

於是，彼大衆放高大音聲：「可修直道，非不可修。若修直道，非不可修者，隨世中阿羅訶愛敬、尊重、供養、禮事。若諸尊可修直道而能修者，是故世中阿羅訶愛敬、尊重、供養、禮事。」

於是，摩竭陀大臣雨勢及其眷屬問曰：「阿難！今遊何處？」

尊者阿難答曰：「我今遊行此，王舍城竹林迦蘭哆園。」

「阿難！竹林迦蘭哆園至可愛樂，整頓可喜，晝不喧鬧，夜則靜寂，無有蚊虻，亦無蠅蚤，不寒不熱。阿難！樂住竹林迦蘭哆園耶？」

尊者阿難答曰：「如是，雨勢！如是，雨勢！竹林迦蘭哆園至可愛樂，整頓可喜，晝不喧鬧，夜則靜寂，無有蚊虻，亦無蠅蚤，不寒不熱。

雨勢！我樂住竹林迦蘭哆園中。所以者何？以世尊擁護故。」

是時，婆難大將在彼衆中，婆難大將白曰：「如是，雨勢！如是，雨勢！竹林迦蘭哆園至可愛樂，整頓可喜，晝不喧鬧，夜則靜寂，無有蚊虻，亦無蠅蚤，不寒不熱，彼尊者樂住竹林迦蘭哆園。所以者何。此尊者行伺、樂伺故。」

摩竭陀大臣雨勢聞已，語曰：「婆難大將！沙門瞿曇昔時遊行金鞞羅樂園中。婆難大將！爾時我數往詣彼，見沙門瞿曇。所以者何？沙門瞿曇行伺、樂伺，稱歎一切伺。」

尊者阿難聞已，告曰：「雨勢！莫作是說：沙門瞿曇稱說一切伺。所以者何？世尊或稱說伺，或不稱說。」

摩竭陀大臣雨勢復問曰：「阿難！沙門瞿曇不稱說何伺，不稱說何等伺？」

尊者阿難答曰：「雨勢！或有一貪欲所纏而起貪欲，不知出要如真，彼爲貪欲所障礙故，伺、增伺而重伺。雨勢！是謂第一伺，世尊不稱說。復次，雨勢！或有一瞋恚所纏而起瞋恚，不知出要如真，彼爲瞋恚所障礙故，伺、增伺而重伺。雨勢！是謂第二伺，世尊不稱說。復次，雨勢！睡眠所纏而起睡眠，不知出要如真，彼爲睡眠所障礙故，伺、增伺而重伺。雨勢！是謂第三伺，世尊不稱說。復次，雨勢！疑惑所纏而起疑惑，不知出要如真，彼爲疑惑所障礙故，伺、增伺而重伺。雨勢！是謂第四伺，世尊不稱說。雨勢！世尊不稱說此四伺。」

摩竭陀大臣雨勢白曰：「阿難！此四伺可憎可憎處，沙門瞿曇不稱說。所以者何？正盡覺故。」

摩竭陀大臣雨勢復問曰：「阿難！何等伺沙門瞿曇所稱說？」

尊者阿難答曰：「雨勢！比丘者，離欲、離惡不善之法，……至得第四禪成就遊。雨勢！世尊稱說此四伺。」

摩竭陀大臣雨勢白曰：「阿難！此四伺可稱可稱處，沙門瞿曇所稱。所以者何？以正盡覺故。阿難！我事煩猥，請退還歸。」

尊者阿難告曰：「欲還隨意。」

於是，摩竭陀大臣雨勢聞尊者阿難所說，善受善持，即從座起，繞尊者阿難三匝而去。

是時，梵志瞿默目犍連於摩竭陀大臣雨勢去後不久，白曰：「阿難！我所問事，都不答耶？」

尊者阿難告曰：「目犍連！我實不答。」

梵志瞿默目犍連白曰：「阿難！我更有所問，聽我問耶？」

尊者阿難答曰：「目犍連！汝便可問，我聞當思。」

梵志瞿默目犍連即問曰：「阿難！若如來、無所著、等正覺解脫及慧解脫、阿羅訶解脫，此三解脫有何差別？有何勝如？」

尊者阿難答曰：「目犍連！若如來、無所著、等正覺解脫及慧解脫、阿羅訶解脫，此三解脫無有差別，亦無勝如。」

梵志瞿默目犍連白曰：「阿難！可在此食。」尊者阿難默然而受。

梵志瞿默目犍連知默然受已，即從座起，自行澡水，極美淨妙，種種豐饒食噉含消，自手斟酌，極令飽滿。食訖舉器，行澡水竟，取一小床，別坐聽法。

尊者阿難為彼說法，勸發渴仰，成就歡喜。無量方便為彼說法，勸發渴仰，成就歡喜已，尊者阿難所說如是，摩竭陀大臣雨勢眷屬及梵志瞿默目犍連聞尊者阿難所說，歡喜奉行！

梵摩經

我聞如是：

一時，佛遊鞞陀提國，與大比丘衆俱。

爾時，彌薩羅有梵志名曰梵摩，極大富樂，資財無量，畜牧產業不可稱計，封戶食邑種種具足豐饒。彌薩羅乃至水草木，謂摩竭陀王未生怨鞞陀提子特與梵封。梵志梵摩有一摩納，名優多羅，爲父母所舉，受生清淨，乃至七世父母不絕種族，生生無惡，博聞總持，誦過四典經，深達因、緣、正、文、戲五句說。

梵志梵摩聞有沙門瞿曇釋種子捨釋宗族，剃除鬚髮，著袈裟衣，至信、捨家、無家、學道，遊鞞陀提國，與大比丘衆俱。彼沙門瞿曇有大名稱，周聞十方，彼沙門瞿曇如來、無所著、等正覺、明行成爲、善逝、世間解、無上士、道法御、天人師，號佛、衆祐。彼於此世，天及魔、梵、沙門、梵志，從人至天，自知自覺，自作證成就遊。彼說法初妙、中妙、竟亦妙，有義有文，具足清淨，顯現梵行。

復次，聞彼沙門瞿曇成就三十二大人之相，若成就大人相者，必有二處真諦不虛。若在家者，必爲轉輪王，聰明智慧，有四種軍，整御天下，由己自在，如法法王成就七寶，彼七寶者，輪寶、象寶、馬寶、珠寶、女寶、居士寶、主兵臣寶，是謂爲七。千子具足，顏貌端正，勇猛無畏，能伏他衆，彼必統領此一切地乃至大海，不以刀杖，以法教令，令得安隱。若剃除鬚髮，著袈裟衣，至信、捨家、無家、學道者，必得如來、無所著、等正覺，名稱流布，周聞十方。

梵志梵摩聞已，告曰：「優多羅！我聞如是：彼沙門瞿曇釋種子捨釋宗族，剃除鬚髮，著袈裟衣，至信、捨家、無家、學道，遊鞞陀提國，與大比丘衆俱。優多羅！彼沙門瞿曇有大名稱，周聞十方，彼沙門瞿曇如來、無所著、等正覺、明行成爲、善逝、世間解、無上士、道法御、天人師，號佛、衆祐。彼於此世天及魔、梵、沙門、梵志，從人至天，自知自覺，自作證成就遊。彼說法初妙、中妙、竟亦妙，有義有文，具足清淨，顯現梵行。」

「復次，優多羅！彼沙門瞿曇成就三十二大人之相，若成就大人相者，必有二處真諦不虛。若在家者，必爲轉輪王，聰明智慧，有四種軍，整御天下，由己自在，如法法王成就七寶。彼七寶者，輪寶、象寶、馬寶、珠寶、女寶、居士寶、主兵臣寶，是謂爲七。千子具足，顏貌端正，勇猛無畏，能伏他衆，彼必統領此一切地乃至大海，不以刀杖，以法教令，令得安隱。若剃除鬚髮，著袈裟衣，至信、捨家、無家、學道者，必得如來、無所著、等正覺，名稱流布，周聞十方。」

「優多羅！汝受持諸經，有三十二大人之相。若成就大人相者，必有二處真諦不虛。若在家者，必爲轉輪王，聰明智慧，有四種軍，整御天下，由己自在，如法法王成就七寶。彼七寶者，輪寶、象寶、馬寶、珠寶、女寶、居士寶、主兵臣寶，是謂爲七。千子具足，顏貌端正，勇猛無畏，能伏他衆，彼必統領此一切地乃至大海，不以刀杖，以法教令，令得安隱。若剃除鬚髮，著袈裟衣，至信、捨家、無家、學道者，必得如來、無所著、等正覺，名稱流布，周聞十方。」

優多羅答曰：「唯然，世尊！我受持諸經，有三十二大人之相，若成就大人相者，必有二處真諦不虛。若在家者，必爲轉輪王，聰明智慧，有四種軍，整御天下，由己自在，如法法王成就七寶。彼七寶者，輪寶、象寶、馬寶、珠寶、女寶、居士寶、主兵臣寶，是謂爲七。千子具足，顏貌端正，勇猛無畏，能伏他衆，彼必統領此一切地乃至大海，不以刀杖，以法教令，令得安隱。若剃除鬚髮，著袈裟衣，至信、捨家、無家、學道者，必得如來、無所著、等正覺，名稱流布，周聞十方。」

梵志梵摩告曰：「優多羅！汝往詣彼沙門瞿曇所，觀彼沙門瞿曇爲如是？爲不如是？實有三十二大人相耶？」

優多羅摩納聞已，稽首梵志梵摩足，繞三匝而去。往詣佛所，共相問訊，卻坐一面。觀世尊身三十二相。彼見世尊身有三十相，於二相疑惑：陰馬藏及廣長舌。世尊念曰：此優多羅於我身觀三十二相，彼見有三十相，於二相疑惑：陰馬藏及廣長舌，我今寧可斷其疑惑。世尊知已，即如其像作如意足，如其像作如意足已，令優多羅摩納見我身陰馬藏及廣長舌。

於是，世尊即如其像作如意足，如其像作如意足已，優多羅摩納見世尊身陰馬藏及廣長舌。廣長舌者，從口出舌，盡覆其面。優多羅摩納見已，而作是念：沙門瞿曇成就三十二大人之相，若成就大人相者，必有二處真諦不虛。若在家者，必為轉輪王，聰明智慧，有四種軍，整御天下，由己自在，如法法王成就七寶。彼七寶者，輪寶、象寶、馬寶、珠寶、女寶、居士寶、主兵臣寶，是謂為七。千子具足，顏貌端正，勇猛無畏，能伏他衆，彼必統領此一切地乃至大海，不以刀杖，以法教令，令得安隱。若剃除鬚髮，著袈裟衣，至信、捨家、無家、學道者，必得如來、無所著、等正覺，名稱流布，周聞十方。優多羅摩納復作是念：我寧可極觀威儀禮節及觀遊行所趣。於是優多羅摩納尋隨佛行，於夏四月觀威儀禮節，及觀遊行所趣，優多羅納過夏四月，悅可世尊威儀禮節及觀遊行所趣，白曰：「瞿曇！我今有事欲還請辭。」世尊告曰：「優多羅！汝去隨意。」

優多羅摩納聞世尊所說，善受善持，即從坐起，繞三匝而去，往詣梵志梵摩所，稽首梵志梵摩足，卻坐一面。梵志梵摩問曰：「優多羅！實如所聞，沙門瞿曇有大名稱，周聞十方，爲如是？爲不如是？實有三十二大人相耶？」

優多羅摩納答曰：「唯然，尊！實如所聞，沙門瞿曇有大名稱，周聞十方，沙門瞿曇如是，非不如是，實有三十二相。尊！沙門瞿曇足安平立，是謂，尊！沙門瞿曇大人大人之相。復次，尊！沙門瞿曇足下生輪，輪有千輻一切具足，是謂，尊！沙門瞿曇大人大人之相。復次，尊！沙門瞿曇足指纖長，是謂，尊！沙門瞿曇大人大人之相。復次，尊！沙門瞿曇足周正直，是謂，尊！沙門瞿曇大人大人之相。復次，尊！沙門瞿曇足跟踝後兩邊平滿，是謂，尊！沙門瞿曇大人大人之相。復次，尊！沙門瞿曇足兩踝䐗，是謂，尊！沙門瞿曇大人大人之相。復次，尊！沙門瞿曇身毛上向，是謂，尊！沙門瞿曇大人大人之相。復次，尊！沙門瞿曇手足綱縵，猶如鴈王，是謂，尊！沙門瞿曇大人大人之相。」

「復次，尊！沙門瞿曇手足極妙，柔弱軟軟，猶兜羅華，是謂，尊！沙門瞿曇大人大人之相。復次，尊！沙門瞿曇肌皮軟細，塵水不著，是謂，尊！沙門瞿曇大人大人之相。復次，尊！沙門瞿曇一一毛，一一毛者，身一一孔一毛生，色若紺青，如螺右旋，是謂，尊！沙門瞿曇大人大人之相。復次，尊！沙門瞿曇鹿蹲腸，猶如鹿王，是謂，尊！沙門瞿曇大人大人之相。復次，尊！沙門瞿曇陰馬藏，猶良馬王，是謂，尊！沙門瞿曇大人大人之相。復次，尊！沙門瞿曇身形圓好，猶尼拘類樹，上下圓相稱，是謂，尊！沙門瞿曇大人大人之相。復次，尊！沙門瞿曇身不阿曲，身不曲者，平立伸手以摩其膝，是謂，尊！沙門瞿曇大人大人之相。」

「復次，尊！沙門瞿曇身黃金色，如紫磨金，是謂，尊！沙門瞿曇大人大人之相。復次，尊！沙門瞿曇身七處滿，七處滿者，兩手、兩足、兩肩及頸，是謂，尊！沙門瞿曇其上身大猶如師子，是謂，尊！沙門瞿曇大人大人之相。復次，尊！沙門瞿曇師子頰車，是謂，尊！沙門瞿曇大人大人之相。復次，尊！沙門瞿曇脊背平直，是謂，尊！沙門瞿曇大人大人之相。復次，尊！沙門瞿曇兩肩上連，通頸平滿，是謂，尊！沙門瞿曇大人大人之相。復次，尊！沙門瞿曇四十齒，牙齒不疏，齒白，齒通味第一味，是謂，尊！沙門瞿曇大人大人之相。復次，尊！沙門瞿曇梵音可愛，其聲猶如迦羅毗伽，是謂，尊！沙門瞿曇大人大人之相。」

「復次，尊！沙門瞿曇廣長舌，廣長舌者，舌從口出，遍覆其面，是謂，尊！沙門瞿曇大人大人之相。復次，尊！沙門瞿曇承淚處滿，猶如牛王，是謂，尊！沙門瞿曇大人大人之相。復次，尊！沙門瞿曇眼色紺青，是謂，尊！沙門瞿曇大人大人之相。復次，尊！沙門瞿曇頂有肉髻，團圓相稱，髮螺右旋，是謂，尊！沙門瞿曇大人大人之相。復次，尊！沙門瞿曇眉間生毛，潔白右縈，是謂，尊！沙門瞿曇大人大人之相。是謂，尊！沙門瞿曇成就三十二大人之相。」

「若成就大人相者，必有二處真諦不虛。若在家者，必爲轉輪王，聰明智慧，有四種軍，整御天下，由己自在，如法法王成就七寶。彼七寶者，輪寶、象寶、馬寶、珠寶、女寶、居士寶、主兵臣寶，是謂爲七。千子具足，顏貌端正，勇猛無畏，能伏他衆，彼必統領此一切地乃至大海，不以刀杖，以法教令，令得安隱。若剃除鬚髮，著袈裟衣，至信、捨家、無家、學道者，必得如來、無所著、等正覺，名稱流布，周聞十方。」

「復次，尊！我見沙門瞿曇著衣、已著衣，被衣、已被衣，出房、已出房，出園、已出園，行道至村間，入村、已入村，在巷，入家、已入家，正床、已正床，坐、已坐，澡手、已澡手，受飲食、已受飲食，食、已食，澡手咒願，從坐起，出家、已出家，在巷，出村、已出村，入園、已入園，入房、已入房。尊！沙門瞿曇著衣整齊，不高不下，衣不近體，風不能令衣遠離身。尊！沙門瞿曇被衣齊整，不高不下，衣不近體，風不能令衣遠離身。尊！沙門瞿曇常著新衣，隨順於聖，以刀割截染作惡色，如是彼聖染作惡色。彼持衣者，不為財物，不為貢高，不為自飾，不為莊嚴，但為障蔽蚊虻、風日之所觸故，及為慚愧，覆其身故。」

「彼出房時，身不低仰。尊！沙門瞿曇出房時，終不低身。尊！沙門瞿曇若欲行時，先舉右足，正舉正下，行不擾亂，亦無惡亂，行時兩踝終不相振。尊！沙門瞿曇行時，不為塵土所坌。所以者何！以本善行故。彼出園時，身不低仰。尊！沙門瞿曇出園時，終不低身，往到村間，身極右旋，觀察如龍遍觀而觀，不恐不怖，亦不驚懼，觀於諸方。所以者何？以如來、無所著、等正覺故。彼入村時，身不低仰。尊！沙門瞿曇入村時，終不低身，彼在街巷，不低視亦不仰視，唯直正視，於中不礙所知所見。」

「尊！沙門瞿曇諸根常定。所以者何？以本善行故。彼入家時，身不低仰。尊！沙門瞿曇入家時，終不低身。尊！沙門瞿曇迴身右旋，正床而坐，彼於床上，不極身力坐，亦不以手案髀坐床。彼坐床已，不悒悒，不煩惱，亦復不樂。受澡水時，不高不下，不多不少。彼受飲食，不高不下，不多不少。尊！沙門瞿曇受食平鉢，等羹飲食。尊！沙門瞿曇摶食，齊整徐著口中，摶食未至，不豫張口，及在口中三嚼而咽，無飯及羹亦不斷碎，有餘在口，復內後摶。」

「尊！沙門瞿曇以三事清淨，食欲得味，不欲染味彼食，不爲財物，不爲貢高，不爲自飾，不爲莊嚴，但欲存身，久住無患，用止故疹，不起新病，存命無患，有力快樂。飯食已訖，受洗手水，不高不下，不多不少。受澡鉢水，不高不下，不多不少。彼洗手淨已，其鉢亦淨；洗鉢淨已，其手亦淨；拭手已，便拭鉢；拭鉢已，便拭手。彼洗拭鉢已，安著一面，不近不遠，不數觀鉢，亦不爲鉢。彼不毀呰此食，亦不稱譽彼食，但暫默然已，爲諸居士說法，勸發渴仰，成就歡喜，無量方便爲彼說法，勸發渴仰，成就歡喜已，即從坐起，便退而還，彼出家時，身不低仰。」

「尊！沙門瞿曇出家時，終不低身。彼在街巷，不低視亦不仰視，唯直正視，於中不礙所知所見。尊！沙門瞿曇諸根常定。所以者何？以本善行故。彼出村時，身不低仰。尊！沙門瞿曇出村時，終不低身。彼入園時，身不低仰。尊！沙門瞿曇入園時，終不低身。彼中食後，收舉衣鉢，澡洗手足，以尼師檀著於肩上，入房宴坐。尊！沙門瞿曇饒益世間故，入房宴坐。尊！沙門瞿曇則於晡時從宴坐起，面色光澤。所以者何？以如來、無所著、等正覺故。」

「尊！沙門瞿曇口出八種音聲，一日甚深，二日毗摩樓簸，三日人心，四日可愛，五日極滿，六日活瞿，七日分了，八日智也。多人所愛，多人所樂，多人所念，令得心定。尊！沙門瞿曇隨衆說法，聲不出衆外，唯在於衆，爲彼說法，勸發渴仰，成就歡喜。無量方便爲彼說法，勸發渴仰，成就歡喜已，即從坐起，還歸本所。尊！沙門瞿曇其像如是，但有殊勝復過於是。尊！我欲詣彼沙門瞿曇從學梵行。」梵志梵摩告日：「隨意。」

於是，優多羅摩納稽首梵志梵摩足，繞三匝而去，往詣佛所，稽首佛足，卻坐一面，白日：「世尊！願從世尊學道受具足，成就比丘，得從世尊修行梵行。」於是世尊度優多羅摩納，令學道受具足。度優多羅摩納，令學道受具足已，遊行鞞陀提國，與大比丘衆俱，展轉進前到彌薩羅，住彌薩羅大天㮈林。

彼彌薩羅梵志、居士聞沙門瞿曇釋種子捨釋宗族，出家學道，遊行㮈陀提國，與大比丘衆俱，展轉來至此彌薩羅，住大天㮈林：「沙門瞿曇有大名稱，周聞十方，彼沙門瞿曇如來、無所著、等正覺、明行成爲、善逝、世間解、無上士、道法御、天人師，號佛、衆祐。彼於此世天及魔、梵、沙門、梵志，從人至天，自知自覺，自作證成就遊。彼說法初妙、中妙、竟亦妙，有義有文，具足清淨，顯現梵行。若有見如來、無所著、等正覺，敬重禮拜，供養承事者，快得善利。我等寧可共往見彼沙門瞿曇，禮拜供養。」

彼彌薩羅梵志、居士各與等類眷屬相隨，從彌薩羅出，北行至大㮈林，欲見世尊禮拜供養。往詣佛已，或有彌薩羅梵志、居士稽首佛足，卻坐一面；或有與佛共相問訊，卻坐一面；或有叉手向佛，卻坐一面；或有遙見佛已，默然而坐。彼彌薩羅梵志居士各各坐已，佛為說法，勸發渴仰，成就歡喜。無量方便為彼說法，勸發渴仰，成就歡喜已，默然而住。

梵志梵摩聞沙門瞿曇釋種子捨釋宗族，出家學道，遊行鞞陀提國，與大比丘衆俱，展轉來至此彌薩羅國，住大天㮈林：「彼沙門瞿曇有大名稱，周聞十方，彼沙門瞿曇如來、無所著、等正覺、明行成為、善逝、世間解、無上士、道法御、天人師，號佛、衆祐。彼於此世，天及魔、梵、沙門、梵志，從人至天，自知自覺，自作證成就遊。彼說法初妙、中妙、竟亦妙，有義有文，具足清淨，顯現梵行。若有見如來、無所著、等正覺，敬重禮拜，供養承事者，快得善利。我寧可共往見沙門瞿曇禮拜供養。」梵志梵摩告御者曰：「汝速嚴駕，我今欲往詣沙門瞿曇。」御者受教，即速嚴駕訖，還白曰：「嚴駕已畢，尊自知時。」於是，梵摩乘極賢妙車，從彌薩羅出，北行至大天㮈林，欲見世尊禮拜供養。

爾時，世尊在無量衆前後圍繞而爲說法，梵志梵摩遙見世尊在無量衆前後圍繞而說法已，見已，恐怖。於是，梵摩即避在道側，至樹下住，告一摩納：「汝往詣沙門瞿曇，爲我問訊：聖體康强，安快無病，起居輕便，氣力如常耶。作如是語：『瞿曇！我師梵摩問訊：聖體康强，安快無病，起居輕便，氣力如常耶？瞿曇！我師梵摩欲來見沙門瞿曇。』」於是，摩納即受教行，往詣佛所，共相問訊，卻坐一面，白曰：「瞿曇！我師梵摩問訊：聖體康强，安快無病，起居輕便，氣力如常耶？瞿曇！我師梵摩欲來見沙門瞿曇。」

世尊告曰：「摩納！令梵志梵摩安隱快樂，令天及人、阿修羅、犍沓和、羅剎及餘種種身安隱快樂。摩納！梵志梵摩欲來隨意。」於是，摩納聞佛所說，善受善持，即從坐起，繞佛三匝而去，還詣梵志梵摩所，白曰：「尊！我已通沙門瞿曇，彼沙門瞿曇今住持待尊，唯尊知時。」梵志梵摩即從車下，步詣佛所。彼衆遙見梵志梵摩來，即從座起，開道避之。所以者何？以有名德及多識故。梵志梵摩告彼衆曰：「諸賢！各各復坐，我欲直往見沙門瞿曇。」於是，梵摩往詣佛所，共相問訊，卻坐一面。

爾時，梵摩不壞二根：眼根及耳根。梵志梵摩坐已，諦觀佛身三十二相，彼見三十相，於二相有疑：陰馬藏及廣長舌。梵志梵摩即時持偈問世尊曰：

如我昔曾所聞，三十二大人相，於中求不見二，尊沙門瞿曇身，
為有陰馬藏不？一切人尊深密，云何為人最尊？不現視微妙舌，
若尊有廣長舌，唯願令我得見，今實有疑惑心，願調御決我疑。

世尊作是念：此梵志梵摩求我身三十二相，彼見三十，於二有疑：陰馬藏及廣長舌，我今寧可除彼疑惑。世尊知已，作如其像如意足，作如其像如意足已，梵志梵摩見世尊陰馬藏及廣長舌。於中廣長舌者，舌從口

出，盡覆其面。世尊止如意足已，爲梵志梵摩説此頌曰：

謂汝昔曾所聞，三十二大人相，彼一切在我身，滿具足最上正。
調御斷於我疑，梵志發微妙信，至難得見聞，最上正盡覺。
出世為極難，最上正盡覺，梵志我正覺，無上正法王。

梵志梵摩聞已，而作是念：此沙門瞿雲成就三十二大人之相，謂成就大人相者，必有二處真諦不虛，若在家者，必爲轉輪王，聰明智慧，有四種軍，整御天下，如法法王成就七寶。彼七寶者，輪寶、象寶、馬寶、珠寶、女寶、居士寶、主兵臣寶，是謂爲七。千子具足，顏貌端正，勇猛無畏，能伏他衆，彼必統領此一切地乃至大海，不以刀杖，以法教令，令得安隱。若剃除鬚髮，著袈裟衣，至信、捨家、無家、學道者，必得如來、無所著、等正覺，名稱流布，周聞十方。於是，世尊而作是念：此梵志梵摩長夜無諛諂、無欺誑，所欲所問者，一切欲知非爲觸嬈，彼亦如是，我寧可說彼甚深阿毗曇。世尊知已，爲梵志梵摩即說頌曰：

現世樂法故，饒益為後世，梵志汝問事，隨本意所思，
彼彼諸問事，我為汝斷疑。

世尊已許問，梵志梵摩故，便問世尊事，隨本意所思：
云何爲梵志？三達有何義？以何說無著？何等正盡覺？

爾時，世尊以頌答曰：

滅惡不善法，立住擇梵行，修習梵志行，以此為梵志，
明達於過去，見樂及惡道，得無明盡說，知是立牟尼。
善知清淨心，盡脫淫怒癡，成就於三明，以此為三達。
遠離不善法，正住第一義，第一世所敬，以此為無著。
饒益天及人，與眼滅壞諍，普知現視盡，以此正盡覺。

於是，梵摩即從座起，欲稽首佛足。彼時大衆同時俱發高大聲音：

「沙門瞿曇甚奇！甚特！有大如意足，有大威德，有大福祐，有大威神。所以者何？此彌薩羅國所有梵志、居士者，梵志梵摩於彼最第一，謂出生故，梵志梵摩爲父母所舉，受生清淨，乃至七世父母不絕種族，生生無惡，彼爲沙門瞿曇極下意尊敬作禮，供養奉事。沙門瞿曇甚奇！甚特！有大如意足，有大威德，有大福祐，有大威神。所以者何？此彌薩羅國所有梵志、居士，梵志梵摩於彼最第一，謂學書故，梵志梵摩博聞總持，誦過四典經，深達因、緣、正、文、戲五句說，彼爲沙門瞿曇極下意尊敬作禮，供養奉事。

「沙門瞿曇甚奇！甚特！有大如意足，有大威德，有大福祐，有大威神。所以者何？此彌薩羅國所有梵志、居士者，梵志梵摩於彼最第一，謂財物故，梵志梵摩極大富樂，資財無量，畜牧產業不可稱計，封戶食邑種種具足豐饒，彌薩羅乃至水草木，謂王摩竭陀未生怨鞞陀提子特與梵封，彼爲沙門瞿曇極下意尊敬作禮，供養奉事，沙門瞿曇甚奇，甚特！有大如意足，有大威德，有大福祐，有大威神。所以者何？此彌薩羅國所有梵志、居士者，梵志梵摩於彼最第一，謂壽命故，梵志梵摩極大長老，壽命具足，年百二十六，彼爲沙門瞿曇極下意尊敬作禮，供養奉事。」是時，世尊以他心智知彼大衆心之所念。世尊知已，告梵志梵摩：「止，止！梵志！但心喜足，可還復坐，爲汝説法。」

梵志梵摩稽首佛足，卻坐一面。世尊爲彼説法，勸發渴仰，成就歡喜，無量方便爲彼説法，勸發渴仰，成就歡喜已，如諸佛先説端政法，聞者歡悅，謂説施、説戒、説生天法，毀呰欲爲災患，生死爲穢，稱嘆無欲爲妙，道品白淨。爲説是已，佛知彼有歡喜心、具足心、柔軟心、堪耐心、昇上心、一向心、無疑心、無蓋心，有能有力受佛正法，謂如諸佛所説正要，世尊具爲彼説苦、集、滅、道，梵志梵摩即於座上見四聖諦——苦、集、滅、道，猶如白素，易染爲色。如是梵摩即於座上見四聖諦——苦、集、滅、道。

於是梵摩見法得法，覺白淨法，斷疑度惑，更無餘尊，不復由他，無有猶豫，已住果證，於世尊法得無所畏，即從座起，稽首佛足：「世尊！我今自歸於佛、法及比丘衆，唯願世尊受我爲優婆塞！從今日始，終身自歸，乃至命盡。」

時，梵志梵摩叉手向佛，白曰：「世尊！唯願明日垂顧受請，及比丘衆！」世尊爲梵志梵摩故，默然而受。梵志梵摩知世尊默然受已，稽首佛足，繞三匝而去，還歸其家，即於其夜施設餚饌極妙上味，種種豐饒食噉含消。施設已訖，平旦敷床，至時唱曰：「世尊！飯食已辦，唯聖知時。」於是世尊過夜平旦，著衣持鉢，比丘翼從，世尊在前，往詣梵志梵摩家，於比丘衆前，敷座而坐。梵志梵摩知世尊及比丘衆衆坐已定，自行澡水，以上味餚饌種種豐饒食噉含消，自手斛酌，令極飽滿。食訖收器，行澡水竟，取一小床，坐受咒願。梵志梵摩坐已，世尊爲彼說咒願曰：

咒火第一齋，通音諸音本，王為人中尊，海為江河長，

月為星中明，明照無過日；上下維諸方，及一切世間，

從人乃至天，唯佛最第一。

於是，世尊爲梵志梵摩說咒願已，從座起去。彌薩羅國住經數日，攝衣持鉢，則便遊行至舍衛國，展轉前進到舍衛國，住勝林給孤獨園。於是，衆多比丘舍衛乞食時，聞彼彌薩羅梵志梵摩以偈問佛事，彼便命終。諸比丘聞已，食訖，中後收舉衣鉢，澡洗手足，以尼師檀著於肩上，往詣佛所，稽首作禮，卻住一面，白曰：「世尊！我等衆多比丘平旦著衣持鉢入舍衛國乞食時，聞彼彌薩羅梵志梵摩以偈問佛事，彼便命終。世尊！彼至何處？爲生何許？後世云何？」世尊答曰：「比丘！梵志梵摩極有大

利，最後知法，爲法故不煩勞我。比丘！梵志梵摩五下分結盡，生彼得般涅槃，得不退法，不還此世。」

爾時，世尊記說梵摩得阿那含。佛說如是，梵志梵摩及諸比丘聞佛所說，歡喜奉行！

分別六界經

我聞如是：

一時，佛遊摩竭陀國，往詣王舍城宿。於是，世尊往至陶家，語曰：「陶師！我今欲寄陶屋一宿，汝見聽耶？」

陶師答曰：「我無所違，然有一比丘先已在中，若彼聽者，欲住隨意。」

爾時，尊者弗迦邏娑利先已在彼住陶屋中。於是，世尊出陶師家入彼陶屋，語尊者弗迦邏娑利曰：「比丘！我今欲寄陶屋一宿，汝見聽耶？」

尊者弗迦邏娑利答曰：「君！我無所違，且此陶屋草座已敷，君欲住者，自可隨意。」

爾時，世尊從彼陶屋出外洗足訖，還入內，於草座上敷尼師檀，結跏趺坐，竟夜默然靜坐定意，尊者弗迦邏娑利亦竟夜默然靜坐定意。彼時，世尊而作是念：此比丘住止寂靜，甚奇！甚特！我今寧可問彼比丘：汝師是誰？依誰出家學道受法？

世尊念已，問曰：「比丘！汝師是誰？依誰出家學道受法？」

尊者弗迦邏娑利答曰：「賢者！有沙門瞿曇釋種子，捨釋宗族，剃除鬚髮，著袈裟衣，至信、捨家、無家、學道，覺無上正盡覺，彼是我師，依彼出家學道受法。」

世尊復問曰：「比丘！曾見師耶？」

尊者弗迦邏娑利答曰：「不見。」

世尊問曰：「若見師者，爲識不耶？」

尊者弗迦邏娑利答曰：「不識。然，賢者！我聞世尊、如來、無所著、等正覺、明行成爲、善逝、世間解、無上士、道法御、天人師，號佛、衆祐，彼是我師，依彼出家學道受法。」

彼時，世尊復作是念：此族姓子依我出家學道受法，我今寧可爲說法耶？

世尊念已，語尊者弗迦邏娑利曰：「比丘！我爲汝說法，初善、中善、竟亦善，有義有文，具足清淨，顯現梵行，謂分別六界，汝當諦聽，善思念之！」

尊者弗迦邏娑利答曰：「唯然。」

佛告彼曰：「比丘！人有六界聚、六觸處、十八意行、四住處。若有住彼，不聞憂慼事，不聞憂慼事已，意便不憎、不憂、不勞，亦不恐怖，如是有教，不放逸慧，守護真諦，長養惠施。比丘！當學最上，當學至寂，分別六界。如是，比丘！人有六界聚。此說何因？謂地界、水界、火界、風界、空界、識界。比丘！人有六界聚者，因此故說。」

「比丘！人有六觸處。此說何因？謂比丘眼觸見色，耳觸聞聲，鼻觸嗅香，舌觸嘗味，身觸覺觸，意觸知法。比丘！人有六觸處者，因此故說。比丘！人有十八意行。此說何因？謂比丘眼見色，觀色喜住，觀色憂住，觀色捨住；如是耳、鼻、舌、身，意知法，觀法喜住，觀法憂住，觀法捨住。比丘！此六喜觀、六憂觀、六捨觀，合已十八行。比丘！人有十八意行者，因此故說。

「比丘！人有四住處。此說何因？謂真諦住處、慧住處、施住處、息住處。比丘！人有四住處者，因此故說。云何比丘不放逸慧？若有比丘分別身界：今我此身有內地界而受於生。此爲云何？謂髮、毛、爪、齒、麤細膚、皮、肉、骨、筋、腎、心、肝、肺、脾、大腸、胃、糞，如斯之比，此身中餘在內，內所攝堅，堅性住內，於生所受，是謂比丘內地界也。比丘！若有內地界及外地界者，彼一切總說地界，彼一切非我有，我非彼有，亦非神也。如是慧觀，知其如真，心不染著於此地界，是謂比丘不放逸慧。

「復次，比丘不放逸慧，若有比丘分別身界：今我此身有內水界而受於生。此為云何？謂腦髓、眼淚、汗、涕、唾、膿、血、肪、髓、涎、痰、小便，如斯之比，此身中餘在內，內所攝水，水性潤內，於生所受，是謂比丘內水界也。比丘！若有內水界及外水界者，彼一切總說水界，彼一切非我有，我非彼有，亦非神也。如是慧觀，知其如真，心不染著於此水界，是謂比丘不放逸慧。

「復次，比丘不放逸慧，若有比丘分別此身界：今我此身有內火界而受於生。此為云何？謂熱身、暖身、煩悶身、溫壯身，謂消飲食，如斯之比，此身中餘在內，內所攝火，火性熱內，於生所受，是謂比丘內火界也。比丘！若有內火界及外火界者，彼一切總說火界，彼一切非我有，我非彼有，亦非神也。如是慧觀，知其如真，心不染著於此火界，是謂比丘不放逸慧。

「復次，比丘不放逸慧，若有比丘分別身界：今我此身有內風界而受於生。此爲云何？謂上風、下風、脅風、掣縮風、蹴風、非道風、節節行風、息出風、息入風，如斯之比，此身中餘在內，內所攝風，風性動內，於生所受，是謂比丘內風界也。比丘！若有內風界及外風界者，彼一切總說風界，彼一切非我有，我非彼有，亦非神也。如是慧觀，知其如真，心不染著於此風界，是謂比丘不放逸慧。

「復次，比丘不放逸慧，若有比丘分別身界：今我此身有內空界受於生。此爲云何？謂眼空、耳空、鼻空、口空、咽喉動搖，謂食噉含消，安徐咽住，若下過出，如斯之比，此身中餘在內，內所攝空，在空不爲肉、皮、骨、筋所覆，是謂比丘內空界也。比丘！若有內空界及外空界者，彼一切總說空界，彼一切非我有，我非彼有，亦非神也。如是慧觀，知其如真，心不染著於此空界，是謂比丘不放逸慧。

「比丘！若有比丘於此五界知其如真，知如真已，心不染彼而解脫者，唯有餘識。此何等識？樂識、苦識、喜識、憂識、捨識。比丘！因樂觸故生樂覺，彼覺樂覺，覺樂覺已，即知覺樂覺。若有比丘滅此樂觸，滅此樂觸已，若有從樂觸生樂覺者，彼亦滅息止，知已冷也。比丘！因苦觸故生苦覺，彼覺苦覺，覺苦覺已，即知覺苦覺。若有比丘滅此苦觸，滅此苦觸已，若有從苦觸生苦覺者，彼亦滅息止，知已冷也。比丘！因喜觸故生喜覺，彼覺喜覺，覺喜覺已，即知覺喜覺。若有比丘滅此喜觸，滅此喜觸已，若有從喜觸生喜覺者，彼亦滅息止，知已冷也。

「比丘！因憂觸故生憂覺，彼覺憂覺，覺憂覺已，即知覺憂覺。若有比丘滅此憂觸，滅此憂觸已，若有從憂觸生憂覺者，彼亦滅息止，知已冷也。比丘！因捨觸故生捨覺，彼覺捨覺，覺捨覺已，即知覺捨覺。若有比丘滅此捨觸，滅此捨觸已，若有從捨觸生捨覺者，彼亦滅息止，知冷也。比丘！彼彼觸故生彼彼覺，滅彼彼觸已，彼彼覺亦滅，彼知此覺從觸，觸本，觸習，從觸生，以觸爲首，依觸行。

「比丘！猶如火母，因鑽及人方便熱相故，而生火也。比丘！彼彼衆多林木相離分散，若從彼生火，火數熱於生數受，彼都滅止息，則冷樵木也。如是，比丘！彼彼觸故生彼彼覺，滅彼彼觸故彼彼覺亦滅。彼知此覺從觸，觸本，觸習，從觸生，以觸爲首，依觸行。若比丘不染此三覺而解脫者，彼比丘唯存於捨，極清淨也。比丘！彼比丘作是念：我此清淨捨，移入無量空處，修如是心，依彼、住彼、立彼、緣彼、繫縛於彼；我此清淨捨，移入無量識處、無所有處、非有想非無想處，修如是心，依彼、住彼、立彼、緣彼、繫縛於彼。

「比丘！猶工煉金上妙之師，以火燒金，鍛令極薄。又以火燣，數數足火熟煉令淨，極使柔軟而有光明。比丘！此金者，於金師以數數足火熟煉令淨，極使柔軟而有光明已，彼金師者，隨所施設，或纏繒綵，嚴飾新衣，指鐶、臂釧、瓔珞、寶鬘，隨意所作。如是，比丘！彼比丘作是念：我此清淨捨，移入無量空處，修如是心，依彼、住彼、立彼、緣彼、繫縛於彼；我此清淨捨，移入無量識處、無所有處、非有想非無想處，修如是心，依彼、住彼、立彼、緣彼、繫縛於彼。

「彼比丘復作是念：我此清淨捨，依無量空處者，故是有爲。若有爲者，則是無常；若無常者，即是苦也；若是苦者，便知苦。知苦已，彼此捨不復移入無量空處。我此清淨捨，依無量識處、無所有處、非有想非無想處者，故是有爲。若有爲者，則是無常；若無常者，即是苦也；若是苦者，便知苦。知苦已，彼此捨不復移入無量識處、無所有處、非有想非無想處。比丘！若有比丘於此四處以慧觀之，知其如真，心不成就，不移入者，彼於爾時不復有爲，亦無所思，謂有及無。彼受身最後覺，則知受身最後覺；受命最後覺，則知受命最後覺。身壞命終，壽命已訖，彼所覺一切滅息止，知至冷也。

「比丘！譬如燃燈，因油因炷，彼若無人更增益油，亦不續炷，是爲前已滅訖，後不相續，無所復受。如是，比丘受身最後覺，則知受身最後覺；受命最後覺，則知受命最後覺。身壞命終，壽命已訖，彼所覺一切滅息止，知至冷也。比丘！是謂比丘第一正慧，謂至究竟滅訖，漏盡比丘成就於彼，成就第一正慧處。比丘！此解脫住真諦，得不移動。真諦者，謂如法也；妄言者，謂虛妄法。比丘！成就彼第一真諦處。

「比丘！彼比丘施說施若本必有怨家，彼於爾時放捨、吐離、解脫、滅訖。比丘！是謂比丘第一正惠施，謂捨離一切世盡，無欲、滅、息、止，比丘成就於彼，成就第一惠施處。比丘！彼比丘心為欲、恚、癡所穢，不得解脫。比丘！此一切淫、怒、癡盡，無欲、滅、息、止，得第一息。比丘！成就彼者成就第一息處。

「比丘！我者是自舉，我當有是亦自舉，我當非有非無是亦自舉，我當色有是亦自舉，我當無色有是亦自舉，我當非有色非無色是亦自舉，我當有想是亦自舉，我當無想是亦自舉，我當非有想非無想是亦自舉，是貢高、是憍慠、是放逸。比丘！若無此一切自舉、貢高、憍慠、放逸者，意謂之息。比丘！若意息者，便不憎、不憂、不勞、不怖。所以者何？彼比丘成就法故，不復有可說憎者。若不憎則不憂，不憂則不愁，不愁則不勞，不勞則不怖。因不怖便當般涅槃，生已盡，梵行已立，所作已辦，不更受有，知如真。」

說此法已，尊者弗迦邏娑秉利遠塵離垢，諸法法眼生。於是，尊者弗迦邏娑利見法得法，覺白淨法，斷疑度惑，更無餘尊，不復由他，無有猶豫，已住果證，於世尊法得無所畏，即從座起，稽首佛足，白曰：「世尊！我悔過，善逝！我自首。如愚如癡，如不定，如不善解，不識良田，不能自知。所以者何？以我稱如來、無所著、等正覺爲君也。唯願世尊聽我悔過！我悔過已，後不更作。」

世尊告曰：「比丘！汝實愚癡，汝實不定，汝不善解，謂稱如來、無所著、等正覺爲君也。比丘！若汝能自悔過，見已發露，護不更作者，比丘！如是則於聖法、律中益而不損，謂能自悔過，見已發露，護不更作。」

佛說如是，者佛迦邏娑利聞佛所說，歡喜奉行！

鸚鵡經

我聞如是：

一時，佛遊舍衞國，在勝林給孤獨園。爾時，世尊過夜平旦，著衣持鉢，入舍衞城乞食，於乞食時往詣鸚鵡摩納都提子家。是時，鸚鵡摩納都提子少有所爲，出行不在。彼時，鸚鵡摩納都提子家有白狗，在大床上金盤中食。於是，白狗遙見佛來，見已便吠，世尊語白狗：「汝不應爾，謂汝從呧至吠。」

白狗聞已，極大瞋恚，從床來下，至木聚邊，憂慼愁臥。

鸚鵡摩納都提子於後還家，見己白狗極大瞋恚，從床來下，至木聚邊憂慼愁臥，問家人曰：「誰觸嬈我狗，令極大瞋恚，從床來下，至木聚邊憂慼愁臥？」

家人答曰：「我等都無觸嬈白狗，令大瞋恚，從床來下，至木聚邊憂慼愁臥。摩納！當知今日沙門瞿曇來此乞食，白狗見已，便逐吠之。沙門瞿曇語白狗曰：『汝不應爾，謂汝從呧至吠。』因是，摩納！故令白狗極大瞋恚，從床來下，至木聚邊憂慼愁臥。」

鸚鵡摩納都提子聞已，便大瞋恚，欲誣世尊，欲謗世尊，欲墮世尊。如是誣、謗、墮沙門瞿曇，即從舍衛出，往詣勝林給孤獨園。

彼時，世尊無量大衆前後圍繞而為說法，世尊遙見鸚鵡摩納都提子來，告諸比丘：「汝等見鸚鵡摩納都提子來耶？」

答曰：「見也。」

世尊告曰：「鸚鵡摩納都提子今命終者，如屈伸臂，頃必生地獄。所以者何？以彼於我，極大瞋恚。若有衆生因心瞋恚故，身壞命終，必至惡處，生地獄中。」

於是，鸚鵡摩納都提子往詣佛所，語世尊曰：「沙門瞿曇！今至我家乞食來耶？」

世尊答曰：「我今往至汝家乞食。」

「瞿曇！向我白狗說何等事，令我白狗極大瞋恚，從床來下，至木聚邊，憂慼愁臥？」

世尊答曰：「我今平旦著衣持鉢，入舍衛乞食，展轉往詣汝家乞食，於是白狗遙見我來，見已而吠。我語白狗：『汝不應爾，謂汝從呧至吠。』是故白狗極大瞋恚，從床來下，至木聚邊憂慼愁臥。」

鸚鵡摩納問世尊曰：「白狗前世是我何等？」

世尊告曰：「止！止！摩納！愼莫問我！汝聞此已，必不可意。」

鸚鵡摩納復更再三問世尊曰：「白狗前世是我何等？」

世尊亦至再三告曰：「止！止！摩納！慎莫問我！汝聞此已，必不可意。」

世尊復告於摩納曰：「汝至再三問我不止，摩納！當知彼白狗者，於前世時即是汝父，名都提也。」

鸚鵡摩納聞是語已，倍極大恚，欲誣世尊，欲謗世尊，欲墮世尊。如是誣、謗、墮沙門瞿曇，語世尊曰：「我父都提大行布施，作大齋祠，身壞命終，正生梵天。何因何緣，乃生於此下賤狗中？」

世尊告曰：「汝父都提以此增上慢，是故生於下賤狗中。」

「梵志增上慢，此終六處生：

雞狗豬及豺，驢五地獄六。

「鸚鵡摩納！若汝不信我所說者，汝可還歸語白狗曰：『若前世時是我父者，白狗當還在大床上。』摩納！白狗必還上床也。『若前世時是我父者，白狗還於金盤中食。』摩納！白狗必當還於金盤中食也。『若前世時是我父者，示所舉金、銀、水精、珍寶藏處，謂我所不知。』摩納！白狗必當示汝已前所舉金、銀、水精、珍寶藏處，謂汝所不知。」

於是，鸚鵡摩納聞佛所說，善受持誦，繞世尊已，而還其家，語白狗曰：「若前世時是我父者，白狗當還在大床上。」白狗即還在大床上。「若前世時是我父者，白狗還於金盤中食。」白狗即還金盤中食。「若前世時是我父者，當示於我父本所舉金、銀、水精、珍寶藏處，謂我所不知。」白狗即從床上來下，往至前世所止宿處，以口及足掊床四腳下，鸚鵡摩納便從彼處大得寶物。

於是，鸚鵡摩納都提子得寶物已，極大歡喜，以右膝著地，叉手向勝林給孤獨園，再三舉聲，稱譽世尊：「沙門瞿曇所說不虛！沙門瞿曇所說真諦！沙門瞿曇所說如實！」再三稱譽已，從，舍衞出，往詣勝林給孤獨園。

爾時，世尊無量大衆前後圍繞而爲說法，世尊遙見鸚鵡摩納來，告諸比丘：「汝等見鸚鵡摩納來耶？」

答曰：「見也。」

世尊告曰：「鸚鵡摩納今命終者，如屈伸臂頃，必至善處。所以者何？彼於我極有善心。若有衆生因善心故，身壞命終，必至善處，生於天中。」

爾時，鸚鵡摩納往佛所，共相問訊，卻坐一面。世尊告曰：「云何摩納，如我所說白狗者爲如是耶？不如是耶？」

鸚鵡摩納白曰：「瞿曇！實如所說。瞿曇！我復欲有所問，聽乃敢陳。」

世尊告曰：「恣汝所問。」

「瞿曇！何因何緣，彼衆生者，俱受人身而有高下、有妙不妙？所以者何？瞿曇！我見有短壽、有長壽者，見有多病、有少病者，見不端正、有端正者，見無威、有威德者，見有卑賤族、有尊貴族者，見無財物、有財物者，見有惡智、有善智者。」

世尊答曰：「彼衆生者，因自行業，因業得報。緣業、依業、業處，衆生隨其高下處妙不妙。」

鸚鵡摩納白世尊曰：「沙門瞿曇所說至略，不廣分別，我不能知。願沙門瞿曇爲我廣說，令得知義！」

世尊告曰：「摩納！諦聽！善思念之，我當爲汝廣分別說。」

鸚鵡摩納白曰：「唯然，當受教聽。」

佛言：「摩納！何因、何緣男子女人壽命極短？若有男子女人殺生凶弊，極惡飲血，害意著惡，無有慈心於諸衆生乃至昆蟲，彼受此業，作具足已，身壞命終，必至惡處，生地獄中，來生人間，壽命極短。所以者何？此道受短壽，謂男子女人殺生凶弊，極惡飲血。摩納！當知此業有如是報也。摩納！何因、何緣男子女人壽命極長？若有男子女人離殺斷殺，棄捨刀杖，有慚有愧，有慈悲心，饒益一切乃至昆蟲，彼受此業，作具足已，身壞命終，必昇善處，生於天中，來生人間，壽命極長。所以者何？此道受長壽，謂男子女人離殺斷殺。摩納！當知此業有如是報也。

「摩納！何因、何緣男子女人多有疾病？若有男子女人觸嬈衆生，彼或以手拳，或以木石，或以刀杖觸嬈衆生，彼受此業，作具足已，身壞命終，必至惡處，生地獄中，來生人間，多有疾病。所以者何？此道受多疾病，謂男子妥人觸嬈衆生。摩納！當知此業有如是報也。摩納！何因、何緣男子女人無有疾病？若有男子女人不觸嬈衆生，彼不以手拳，不以木石，不以刀女觸嬈衆生，彼受此業，作具足已，身壞命終，必昇善處，生於天中，來生人間，無有疾病。所以者何？此道受無疾病，謂男子女人不觸嬈衆生。摩納！當知此業有如是報也。」

「摩納！何因、何緣男子女人形不端正？若有男子女人急性多惱，彼少所聞，便大瞋恚，憎嫉生憂，廣生諍怒；彼受此業，作具足已，身壞命終，必至惡處，生地獄中，來生人間，形不端正。所以者何？此道受形不端正，謂男子女人急性多惱。摩納！當知此業有如是報也。摩納！何因、何緣男子女人形體端正？若有男子女人不急性多惱，彼聞柔軟麤獷强言，不大瞋恚，不憎嫉生憂，不廣生諍怒；彼受此業，作具足已，身壞命終，竹昇善處，生於天中，來生人間，形體端正。所以者何？此道受形體端正，謂男子女人不急性多惱。摩納！當知此業有如是報也。」

「摩納！何因、何緣男子女人無有威德？若有男子女人內懷嫉妒，彼見他得供養恭敬，便生嫉妒，若見他有物，欲令我得；彼受此業，作具足已，身壞命終，必至惡處，生地獄中，來生人間，無有威德。所以者何？此道受無威德，謂男子女人內懷嫉妒。摩納！當知此業有如是報也。摩納！何因、何緣男子女人有大威德？若有男子女人不懷嫉妒，彼見他得供養恭敬，不生嫉妒，若見他有物，不欲令我得；彼受此業，作具足已，身壞命終，必昇善處，生於天中，來生人間，有大威德。所以者何？此道受有威德，謂男子女人不懷嫉妒。摩納！當知此業有如是報也。

「摩納！何因、何緣男子女人生卑賤族？若有男子女人憍傲大慢，彼可敬不敬，可重不重，可貴不貴，可奉不奉，可供養不供養，可與道不與道，可與坐不與坐，可叉手向禮拜問訊不叉手向禮拜問訊；彼受此業，作具足已，身壞命終，必至惡處，生地獄中，來生人間，生卑賤族。所以者何？此道受生卑賤族，謂男子女人憍傲大慢。摩納！當知此業有如是報也。摩納！何因、何緣男子女人生尊貴放？若有男子女人不憍慠大慢，彼可敬而敬，可重而重，可貴而貴，可奉事而奉事，可供養而供養，可與道而與道，可與坐而與坐，可叉手向禮拜問訊而叉手向禮拜問訊；彼受此業，作具足已，身壞命終，必昇善處，生於天中，來生人間，生尊貴族。所以者何？此道受生尊貴族，謂男子女人不憍慠大慢。摩納！當知此業有如是報也。

「摩納！何因、何緣男子女人無有財物？若有男子女人不作施主，不行布施，彼不施與沙門、梵志、貧窮、孤獨、遠來乞者飲食、衣被、華鬘、塗香、屋舍、床榻、明燈、給使；彼受此業，作具足已，身壞命終，必至惡處，生地獄中，來生人間，無有財物。所以者何？此道受無財物，謂男子女人不作施主，不行布施。摩納！當知此業有如是報也。摩納！何因、何緣男子女人多有財物？若有男子女人作施主，行布施，彼施與沙門、梵志、貧窮、孤獨、遠來乞者飲食、衣被、花鬘、塗香、屋舍、床榻、明燈、給使；彼受此業，作具足已，身壞命終，必昇善處，生於天中，生人間，多有財物。所以者何？此道受多有財物，謂男子女人作施主，行布施。摩納！當知此業有如是報也。

「摩納！何因、何緣男子女人有惡智慧？若有男子女人不數數往詣彼問事，彼若有名德、沙門、梵志，不往詣彼，隨時問義：『諸尊！何者爲善？何者不善？何者爲罪？何者非罪？何者爲妙？何者不妙？何者爲白？何者爲黑？白黑從何生？何義現世報？何義後世報？』設問不行；彼受此業，作具足已，身壞命終，必至惡處，生地獄中，來生人間，有惡智慧。所以者何？此道受惡智慧，謂男子女人不數數往詣彼問事。摩納！當知此業有如是報也。摩納！何因、何緣男子女人有善智慧？若有男子女人能數數往詣彼問事，彼若有名德、沙門、梵志，數往詣彼，隨時問義：『諸尊！何者為善？何者不善？何者為罪？何者非罪？何者為妙？何者不妙？何者為白？何者為黑？白黑從何生？何義現世報？何義後世報？』問已能行；彼受此業，作具足已，身壞命終，必昇善處，生於天中，來生人間，有善智慧。所以者何？此道受善智慧，謂男子女人能數數往詣彼問事。摩納！當知此業有如是報也。

「摩納！當知作短壽相應業必得短壽，作長壽相應業必得長壽；作多疾病相應業必得多疾病，作少疾病相應業必得少疾病；作不端正相應業必得不端正，作端正相應業必得端正；作無威德相應業必得無威德，作威德相應業必得威德；作卑賤族相應業必得卑賤族，作尊貴族相應業必得尊貴族；作無財物相應業必得無財物，作多財物相應業必得多財物；作惡智慧相應業必得惡智慧，作善智慧相應業必得善智慧。摩納！是我前所說，眾生因自行業，因業得報。緣業，依業、業處，眾生隨其高下處妙不妙。」

鸚鵡摩納都提子白曰：「世尊！我已解。善逝！我已知。世尊！我今自歸於佛、法及比丘衆，唯願世尊受我爲優婆塞！從今日始，終身自歸，乃至命盡。世尊！從今日入都提家，如入此舍衛地優婆塞家，令都提家長夜得利義，得饒益安隱快樂。」

佛說如是，鸚鵡摩納都提子及無量衆聞佛所說，歡喜奉行！

多界經

我聞如是：

一時，佛遊舍衛國，在勝林給孤獨園。

爾時，尊者阿難獨安靜處宴坐思惟，心作是念：諸有恐怖，彼一切從愚癡生，不從智慧；諸有遭事、災患、憂慼，彼一切從愚癡生，不從智慧。於是，尊者阿難則於晡時，從宴坐起，往詣佛所，稽首佛足，卻住一面，白曰：「世尊！我今獨安靜處宴坐思惟，心作是念：諸有恐怖，彼一切從愚癡生，不從智慧；諸有遭事、災患、憂慼，彼一切從愚癡生，不從智慧。」

世尊告曰：「如是，阿難！如是，阿難！諸有恐怖，彼一切從愚癡生，不從智慧；諸有遭事、災患、憂慼，彼一切從愚癡生，不從智慧。阿難！猶如從葦薌草薌生火，燒樓閣堂屋。阿難！如是諸有恐怖，從愚癡生，不從智慧；諸有遭事、災患、憂慼，彼一切從愚癡生，不從智慧。阿難！昔過去時若有恐怖，彼一切亦從愚癡生，不從智慧；諸有遭事、災患、憂慼，彼一切從愚癡生，不從智慧。阿難！當來時諸有恐怖，彼一切從愚癡生，不從智慧；諸有遭事、災患、憂慼，彼一切從愚癡生，不從智慧。阿難！今現在諸有恐怖，從愚癡生，不從智慧；諸有遭事、災患、憂慼，彼一切從愚癡生，不從智慧。阿難！是爲愚癡有恐怖，智慧無恐怖；愚癡有遭事、災患、憂慼，智慧無遭事、災患、憂慼。阿難！諸有恐怖、遭事、災患、憂慼，彼一切從愚癡可得，不從智慧。」

於是，尊者阿難悲泣淚出，叉手向佛，白曰：「世尊！云何比丘愚癡非智慧？」

世尊答曰：「阿難！若有比丘不知界，不知處，不知因緣，不知是處、非處者，阿難！如是比丘愚癡非智慧。」

尊者阿難白曰：「世尊！如是比丘愚癡非智慧。世尊！云何比丘智慧非愚癡？」

世尊答曰：「阿難！若有比丘知界、知處、知因緣，知是處、非處者，阿難！如是比丘智慧非愚癡。」

尊者阿難白曰：「世尊！如是比丘智慧非愚癡。世尊！云何比丘知界？」

世尊答曰：「阿難！若有比丘見十八界知如真：眼界、色界、眼識界，耳界、聲界、耳識界，鼻界、香界、鼻識界，舌界、味界、舌識界，身界、觸界、身識界，意界、法界、意識界，阿難！見此十八界知如真。

復次，阿難！見六界知如真：地界、水界、火界、風界、空界、識界，阿難！見此六界知如真。復次，阿難！見六界知如真：欲介、恚界、害界，無欲界、無恚界、無害界，阿難！見此六界知如真。復次，阿難！見六界知如真：樂界、苦界、喜界、憂界、捨界、無明界，阿難！見此六界知如真。復次，見四界知如真：覺界、想界、行界、識界，阿難！見此四界知如真。復次，阿難！見三界知如真：欲界、色界、無色界，阿難！見此三界知如真。復次，阿難！見三界知如真：色界、無色界、滅界，阿難！見此三界知如真。

「復次，阿難！見三界知如真：過去界、未來界、現在界，阿難！見此三界知如真。復次，阿難！見三界知如真：妙界、不妙界、中界，阿難！見此三界知如真。復次，阿難！見三界知如真：善界、不善界、無記界，阿難！見此三界知如真。復次，阿難！見三界知如真：學界、無學界、非學非無學界，阿難！見此三界知如真。復次，阿難！見二界知如真：有漏界、無漏界，阿難！見此二界知如真。復次，阿難！見二界知如真：有爲界、無爲界，阿難！見此二界知如真。阿難！見此六十二界知如真。阿難！如是比丘知界。」

尊者阿難白曰：「世尊！如是比丘知界。世尊！云何比丘知處？」

世尊答曰：「阿難！若有比丘見十二處知如真：眼處、色處，耳處、聲處，鼻處、香處，舌處、味處，身處、觸處，意處、法處，阿難！見此十二處知如真，阿難！如是比丘知處。」

尊者阿難白曰：「世尊！如是比丘知處。云何比丘知因緣？」

世尊答曰：「阿難！若有比丘見因緣及從因緣起知如真，因此有彼，無此無彼，此生彼生，此滅彼滅。謂緣無明有行，……乃至緣生有老死。若無明滅則行滅，……乃至生滅則老死滅。阿難！如是比丘知因緣。」

尊者阿難白曰：「世尊！如是比丘知因緣。云何比丘知如是處、非處？」

世尊答曰：「阿難！若有比丘見處是處知如真，見非處是非處知如真。阿難！若世中有二轉輪王並治者，終無是處；若世中有一轉輪王治者，必有是處。阿難！若世中有二如來者，終無是處；若世中有一如來者，必有是處。阿難！若見諦人故害父母，殺阿羅訶，破壞聖衆，惡心向佛，出如來血者，終無是處；若凡夫人故害父母，殺阿羅訶，破壞聖衆，惡心向佛，出如來血者，必有是處。阿難！若見諦人故犯戒，捨戒罷道者，終無是處；若凡夫人故犯戒，捨戒罷道者，必有是處。若見諦人捨離此內，從外求尊、求福田者，終無是處；若凡夫人捨離此內，從外求尊、求福田者，必有是處。」

「阿難！若見諦人從餘沙門、梵志作是說『諸尊！可見則見，可知則知』者，終無是處；若凡夫人從餘沙門、梵志作是說『諸尊！可見則見，可知則知』者，必有是處。阿難！若諦人信卜問吉凶者，終無是處；若凡夫人信卜問吉凶者，必有是處。阿難！若見諦人從餘沙門、梵志卜問吉凶相應，見有苦有煩，見是真者，終無是處；若凡夫人從餘沙門、梵志卜問吉凶相應，見有苦有煩，見是真者，必有是處。」

「阿難！若見諦人生極苦甚重苦，不可愛、不可樂、不可思、不可念乃至斷命，捨離此內，更從外求，或有沙門、梵志，或持一句咒，二句、三句、四句、多句、百千句咒，令脫我苦，是求苦、集苦、趣苦、苦盡者，終無是處。若凡夫人捨離此內，更從外求，或有沙門、梵志，或持一句咒，二句、三句、四句、多句、百千句咒，令脫我苦，是求苦、集苦、趣苦、苦盡者，必有是處。阿難！若見諦人受八有者，終無是處；若凡夫人受八有者，必有是處。

「阿難！若身惡行，口、意惡行，因此緣此，身壞命終，趣至善處，生於天中者，終無是處；若身惡行，口、意惡行，因此緣此，身壞命終，趣至惡處，生地獄中者，必有是處。阿難！若身妙行，口、意妙行，因此緣此，身壞命終，趣至惡處，生地獄中者，終無是處；若身妙行，口、意妙行，因此緣此，身壞命終，趣至善處，生天中者，必有是處。阿難！若身惡行，口、意惡行，受樂報者，終無是處。阿難！若身惡行，口、意惡行，受苦報者，必有是處。阿難！若身妙行，口、意妙行，受苦報者，終無是處。若身妙行，口、意妙行，受樂報者，必有是處。

「阿難！若不斷五蓋、心穢、慧羸，心正立四念處者，終無是處；若斷五蓋、心穢慧羸，心正立四念處者，必有是處。、阿難！若不斷五蓋、心穢、慧羸，心不正立四念處，欲修七覺意者，終無是處；若斷五蓋、心穢、慧羸，心正立四念處，修七覺意者，必有是處。阿難！若不斷五蓋、心穢、慧羸，心不正立四念處，不修七覺意，欲得無上正盡覺者，終無是處；若斷五蓋、心穢、慧羸，心正立四念處，修七覺意，得無上正盡覺者，必有是處。阿難！若不斷五蓋、心穢、慧羸，心不正立四念處，不修七覺意，得無上正盡覺，盡苦邊者，終無是處；若斷五蓋、心穢、慧羸，心正立四念處，修七覺意，得無上正盡覺，盡苦邊者，必有是處。阿難！如是比丘知是處、非處。」

尊者阿難白曰：「世尊！如是比丘知是處、非處。」

於是，尊者阿難叉手向佛，白曰：「世尊！此經名何？云何奉持？」

世尊告曰：「阿難！當受持此多界、法界、甘露界、多鼓、法鼓、甘露鼓、法鏡、四品，是故稱此經名曰多界。」

佛說如是，尊者阿難及諸比丘聞佛所說，歡喜奉行！

聖道經

我聞如是：

一時，佛遊拘樓瘦劍磨瑟曇拘樓都邑

爾時，世尊告諸比丘：「有一道令衆生得清淨，離愁慼啼哭，滅憂苦懊惱，便得如法。謂聖正定，有習、有助，亦復有具而有七支，於聖正定說習、說助，亦復說具。云何爲七？正見、正志、正語、正業、正命、正方便、正念。若有以此七支習、助、具，善趣向心得一者，是謂聖正定，有習、有助，亦復有具。所以者何？正見生正志，正志生正語，正語生正業，正業生正命，正命生正方便，正方便生正念，正念生正定。賢聖弟子如是心正定，頓盡淫、怒、癡。賢聖弟子如是正心解脫，頓知生已盡，梵行已立，所作已辦，不更受有，知如真。彼中正見最在其前。」

「若見邪見是邪見者，是謂正見；若見正見是正見者，亦謂正見。云何邪見？謂此見無施、無齋、無有咒說，無善惡業，無善惡業報，無此世彼世，無父無母，世無真人往至善處、善去善向、此世彼世自知自覺自作證成就遊，是謂邪見。云何正見？謂此見有施、有齋，亦有咒說，有善惡業，有善惡業報，有此世彼世，有父有母，世有真人往至善處、善去善向，此世彼世自知自覺自作證成就遊，是謂正見。是為見邪見是邪見者，是謂正見；見正見是正見者，亦謂正見。彼如是知已，則便求學，欲斷邪見成就正見，是謂正方便。比丘以念斷於邪見，成就正見，是謂正念。此三支隨正見從見方便，是故正見最在前也。」

「若見邪志是邪志者，是謂正志；若見正志是正志者，亦謂正志。云何邪志?欲念、恚念、害念,是謂邪志。云何正志?無欲念、無害念,是謂正志。是爲見邪志是邪志者,是謂正志;見正志是正志者,亦謂正志。彼如是知已,則便求學,欲斷邪志成就正志,是謂正方便。比丘以念斷於邪志,成就正志,是謂正念。此三支隨正志從見方便,是故正見最在前也。

「若見邪語是邪語者,是謂正語;若見正語是正語者,亦謂正語。云何邪語?妄言、兩舌、麤言、綺語,是謂邪語。云何正語,離妄言、兩舌、麤言、綺語,是謂正語。是爲見邪語是邪語者,是謂正語;見正語是正語者,亦謂正語。彼如是知已,則便求學,欲斷邪語成就正語,是謂正方便。比丘以念斷於邪語,成就正語,是謂正念。此三支隨正語從見方便,是故正見最在前也。

「若見邪業是邪業者,是謂正業;若見正業是正業者,亦謂正業。云何邪業？殺生、不與取、邪淫，是謂邪業。云何正業？離殺、不與取、邪淫，是謂正業。是爲見邪業是邪業者，是謂正業；見正業是正業者，亦謂正業。彼如是知已，則便求學，欲斷邪業成就正業，是謂正方便。比丘以念斷於邪業，成就正業，是謂正念。此三支隨正業從見方便，是故正見最在前也。

「若見邪命是邪命者，是謂正命；若見正命是正命者，亦謂正命。云何邪命？若有求無滿意，以若干種畜生之咒，邪命存命。彼不如法求衣被，以非法也；不如法求飲食、床榻、湯藥、諸生活具，以非法也，是謂邪命。云何正命？若不求無滿意，不以若干種畜生之咒，不邪命存命。彼如法求衣被，則以法也；如法求飲食、床榻、湯藥、諸生活具，則以法也，是謂正命。是爲見邪命是邪命者，是謂正命；見正命是正命者，亦謂正命。彼如是知已，則便求學，欲斷邪命，成就正命，是謂正方便。比丘以念斷於邪命，成就正命，是謂正念。此三支隨正命從見方便，是故正見最在前也。

「云何正方便？比丘者，已生惡法爲斷故，發欲求方便，精勤舉心滅；未生惡法爲不生故，發欲求方便，精勤舉心滅。未生善法爲生故，發欲求方便，精勤舉心滅；已生善法爲住不忘不退，轉增廣布，修習滿具故，發欲求方便，精勤舉心滅，是謂正方便。云何正念？比丘者，觀內身如身，觀至覺、心、法如法，是謂正念。云何正定？比丘者，離欲、離惡不善之法，……至得第四禪成就遊，是謂正定。云何正解脫？比丘者，欲心解脫，恚、癡心解脫，是謂正解脫。云何正智？比丘者，知欲心解脫，知恚、癡心解脫，是謂正智也。是爲學者成就八支，漏阿羅訶成就十支。

「云何學者成就八支？學正見……至學正定，是爲學者成就八支。云何漏盡阿羅訶成就十支？無學正見……至無學正智，是謂漏盡阿羅訶成就十支。所以者何？正見者，斷於邪見。若因邪見生無量惡不善法者，彼亦斷之；若因正見生無量善法者，彼則修習，令滿具足。……至正智者斷於邪智，若因邪智生無量惡不善法者，彼亦斷之；若因正智生無量善法者，彼則修習，令滿具足。

「是爲二十善品、二十不善品，是爲說四十大法品轉於梵輪，沙門、梵志、天及魔、梵及餘世間，無有能制而言非者。若有沙門、梵志者，我所說四十大法品轉於梵輪，沙門、梵志、天及魔、梵及餘世間，無有能制而言非者，彼於如法有十詰責。云何爲十？若毀呰正見，稱譽邪見，若有邪見沙門、梵志，若供養彼而稱譽彼，若有沙門、梵志者，我所說四十大法品轉於梵輪，沙門、梵志、天及魔、梵及餘世間，無有能制而言非者，彼於如法是謂一詰責。

「若毀呰……至正智，稱譽邪智，若有邪智沙門、梵志，若供養彼而稱譽彼，若有沙門、梵志，我所說四十大法品轉於梵輪，沙門、梵志、天及魔、梵及餘世間，無有能制而言非者，彼於如法是謂第十詰責。若有沙門、梵志，我所說四十大法品轉於梵輪，沙門、梵志、天及魔、梵及餘世間，無有能制而言非者，是謂於如法有十詰責。若更有餘沙門、梵志，蹲踞說蹲踞，無所有說無所有，說無因、說無作、說無業，謂彼彼所作善惡施設，斷絕破壞彼此。我所說四十大法品轉於梵輪，沙門、梵志、天及魔、梵及餘世間，無有能制而言非者，彼亦有詰責、愁憂恐怖。」

佛說如是，彼諸比丘聞佛所說，歡喜奉行！

癡慧地經

我聞如是：

一時，佛遊舍衞國，在勝林給孤獨園。

爾時，世尊告諸比丘：「我今爲汝說愚癡法、智慧法，諦聽！諦聽！善思念之。」時，諸比丘受教而聽。

佛言：「云何愚癡法？愚癡人有三相愚癡標、愚癡像，謂成就愚癡人說愚癡也。云何爲三？愚癡人思惡思、說惡說、作惡作，是以愚癡人說愚癡也。若愚癡人不思惡思、不說惡說、不作惡作者，不應愚癡人說愚癡也。以愚癡人思惡思、說惡說、作惡作故，是以愚癡人說愚癡也。彼愚癡人於現法中，身心則受三種憂苦。云何愚癡人身心則受三種憂苦耶？愚癡人者，或有所行，或聚會坐，或在道巷，或在市中，或四衢頭，說愚癡人相應事也。愚癡人者，殺生、不與取、行邪淫、妄言乃至邪見，及成就餘無量惡不善之法。若成就無量惡不善法者，他人見已，便說其惡。彼愚癡人聞已，便作是念：若成就無量惡不善之法，他人見已說其惡者，我亦有是無量惡不善之法，若他知者，亦當說我惡。是謂愚癡人於現法中，身心則受第一憂苦。」

「復次，彼愚癡人又見王人收捉罪人，種種苦治，謂截手截足，并截手足，截耳截鼻，并截耳鼻，或臠臠割，拔鬚拔髮，或拔鬚髮，或者檻中衣裹火燒，或以沙壅草纏火焫，或內鐵驢腹中，或著鐵豬口中，或置鐵虎口中燒，或安銅釜中，或著鐵釜中煮，或段段截，或利叉刺，或以鈎鈎，或臥鐵床以沸油澆，或坐鐵臼以鐵杵擣，或毒龍蜇，或以鞭鞭，或以杖撾，或以棒打，或活貫標頭，或梟其首。彼愚癡人見已，便作是念：若成就無量惡不善法者，王知捉已，如是考治，我亦有是無量惡不善之法，若王知者，亦當苦治考我如是。是謂愚癡人於現法中，身心則受第二憂苦。」

「復次，彼愚癡人行身惡行，行口、意惡行，彼若時疾病受苦，或坐臥床，或坐臥榻，或坐臥地，身生極苦甚苦，乃至命欲斷。彼所有身惡行，口、意惡行，彼於爾時懸向在上，猶如晡時日下高山，影懸向在地。如是彼所有身惡行，口、意惡行，彼於爾時懸向在上，彼作是念：此是我身惡行，口、意惡行懸向在上，我於本時不作福、多作惡，若有處作惡者，凶暴作無理事，不作福、不作善，不作恐怖，所歸命、所依怙，我至彼惡處，從是生悔，生悔已，不賢死，不善命終。是謂愚癡人於現法中，身心則受第三種憂苦。」

「復次，彼愚癡人行身惡行，行口、意惡行，彼行身惡行，行口、意惡行已，因此緣此，身壞命終，必至惡處，生地獄中。既生彼已，受於苦報，一向不可愛、不可樂、意不可念。若作是說：一向不可愛、不可樂、意不可念者，是說地獄。所以者何？彼地獄者一向不可愛、不可樂、意不可念。」

爾時，有一比丘即從坐起，偏袒著衣，叉手向佛，白曰：「世尊！地獄苦云何？」

世尊答曰：「比丘！地獄不可盡說。所謂地獄苦，比丘！但地獄唯有苦。」

比丘復問曰：「世尊！可得以喻現其義也？」

世尊答曰：「亦可以喻現其義也。比丘！獨如王人收賊，送詣剎利頂生王所，白曰：『天王！此賊人有罪，願天王治。』剎利頂生王告曰：『汝等將去治此人罪，朝以百矛刺。』王人受教，便將去治，朝以百矛刺，彼人故活。剎利頂生王問曰：『彼人云何？』王人答曰：『天王！彼人故活。』剎利頂生王復告曰：『汝等去，日中復以百矛刺。』王人受教，日中復以百矛刺，彼人故活。剎利頂生王復問曰：『彼人云何？』王人答曰：『天王！彼人故活。』剎利頂生王復告曰：『汝等去，日西復以百矛刺。』王人受教，日西復以百矛刺，彼人故活，然彼人身一切穿決破碎壞盡，無一處完，至如錢孔。剎利頂生王復問曰：『彼人云何？』王人答曰：『天王！彼人故活，然彼人身一切穿決破碎壞盡，無一處完，至如錢孔。』比丘！於意云何？若彼人一日被三百矛刺，彼人因是身心受惱極憂苦耶？」

比丘答曰：「世尊！彼一矛刺尚受極苦，況復一日受三百矛刺？彼人身心豈不受惱極憂苦也？」

於是，世尊手取石子猶如小豆，告曰：「比丘！汝見我手取此石子，如小豆耶？」

比丘答曰：「見也，世尊！」

世尊復問曰：「比丘！於意云何？我取石子猶如小豆，比雪山王何者爲大？」

比丘答曰：「世尊！手取石子猶如小豆，比雪山王百倍、千倍、百千萬倍，終不相及，不可數，不可算，不可譬喻，不可比方，但雪山王極大甚大。」

世尊告曰：「比丘！若我取石子猶如小豆，比雪山王百倍、千倍、百千萬倍，終不相及，不可數，不可算，不可譬喻，不可比方，但雪山王極大甚大。如是，比丘！若此人一日被三百矛刺，彼因緣此，身心受惱極重憂苦，比地獄苦百倍、千倍、百千萬倍，終不相及，不可數，不可算，不可譬喻，不可比方，但地獄中極苦甚苦。」

「比丘！云何地獄苦？衆生生地獄中，既生彼已，獄卒手捉，則以鐵斧烔然俱熾，斫治其身，或作八楞，或爲六楞，或爲四方，或令團圓，或高或下，或好或惡。彼如是考治苦痛逼迫，歲數甚多，乃至百千，受無量苦，極重甚苦，終不得死，要當至惡不善業盡，是謂地獄苦。

比丘！云何地獄苦？衆生生地獄中，既生彼已，獄卒手捉，則以鐵釿烔然俱熾，斫治其身，或作八楞，或爲六楞，或爲四方，或令團圓，或高或下，或好或惡。彼如是考治苦痛逼迫，歲數甚多，乃至百千，受無量苦，極重甚苦，終不得死，要當至惡不善業盡，是謂地獄苦。」

「比丘！云何地獄苦？衆生生地獄中，既生彼已，獄卒手捉，則以鐵槍烔然俱熾，强令坐上，便以鐵鉗鉗開其口，則以鐵丸烔然俱熾，著其口中，燒脣燒舌，燒齗燒咽，燒心燒胃，從身下出。彼如是考治苦痛逼迫，歲數甚多，乃至百千無量苦，極重甚苦，終不得死，要當至惡不善業盡，是謂地獄苦。比丘！云何地獄苦？衆生生地獄中，既生彼已，獄卒手捉，則以鐵鏘烔然俱熾，令强坐上，便以鐵鉗鉗開其口，則以融銅灌其口中，燒脣燒舌，燒斷燒咽，燒心燒胃，從身下出。彼如是考治苦痛逼迫，歲數甚多，乃至百千，受無量苦，極重甚苦，終不得死，要當至惡不善業盡，是謂地獄苦。」

「比丘！云何地獄苦？衆生生地獄中，既生彼已，獄卒手捉，則以鐵地烔然俱熾，令仰向臥，挓五縛治，兩手兩足以鐵釘釘，以一鐵釘別釘其腹。彼如是考治苦痛逼迫，歲數甚多，乃至百千受無量苦，極重甚苦，終不得死，要當至惡不善業盡，是謂地獄苦。比丘！云何地獄苦？衆生生地獄中，既生彼已，獄卒手捉，則以鐵地烔然俱熾，令其伏地，從口出舌，以百釘張無皺無縮，猶如牛皮以百釘張無皺無縮。如是衆生生地獄中，既生彼已，獄卒手捉，則以鐵地烔然俱熾，令其伏地，從口出舌，以百釘張無皺無縮。彼如是考治者，苦痛逼迫，歲數甚多，乃至百千，受無量苦，極重甚苦，終不得死，要當至惡不善業盡，是謂地獄苦。」

「比丘！云何地獄苦？眾生生地獄中，既生彼已，獄卒以手捉其頭皮剝下至足，從足剝皮上至其頭，則以鐵車炯然俱熾，以縛著車，便以鐵地炯然俱熾，牽挽往來。彼如是考治苦痛逼迫，歲數甚多，乃至百千受無量苦，極重甚苦，終不得死，要當至惡不善業盡，是謂地獄苦。比丘！云何地獄苦？眾生生地獄中，既生彼已，獄卒以火炯然俱熾，使揚撲地，復使手取自灌其身。彼如是考治苦痛逼迫，歲數甚多，乃至百千，受無量苦，極重甚苦，終不得死，要當至惡不善業盡，是謂地獄苦。」

「比丘！云何地獄苦？眾生生地獄中，既生彼已，獄卒以火山炯然俱熾，令其上下，彼若下足，其皮肉血即便燒盡，若舉足時，其皮肉血還生如故。彼如是考治苦痛逼迫，歲數甚多，乃至百千，受無量苦，極重甚苦，終不得死，要當至惡不善業盡，是謂地獄苦。比丘！云何地獄苦？眾生生地獄中，既生彼已，獄卒手捉，以大鐵釜炯然俱熾，倒舉其身，足上頭下，以著釜中。彼於其中，彼上或下，或至方維，自體沫出，還煮其身，猶如大豆、小豆、蘊豆、苦豆、芥子著多水釜中，下極然火，彼豆於中，或上或下，或至方維，自沫纏煮。如是眾生生地獄中，既生彼已，獄卒手捉，以大鐵釜炯然俱熾，倒舉其身，足上頭下，以著釜中。彼於其中，或上或下，或至方維，自體沫出，還煮其身。彼如是考治苦痛逼迫，歲數甚多，乃至百千，受無量苦，極重甚苦，終不得死，要當至惡不善業盡，是謂地獄苦。」

「比丘！云何地獄苦？彼地獄中有獄，名六更樂，若眾生生彼中，既生彼已，若眼見色，不喜不可，非是喜可；意不潤愛，非是潤愛；意不善樂，非是善樂。耳所聞聲、鼻所齅香、舌所嘗味、身所覺觸、意所知法，不喜不可，非是喜可；意不潤愛，非是潤愛；意不善樂，非是善樂，是謂地獄苦。比丘！我為汝等無量方便，說彼地獄，說地獄事，然此地獄苦不可具說，但地獄唯有苦。比丘！若愚癡人或時從地獄出，生畜生者，畜生亦甚苦。」

「比丘！云何畜生苦？若衆生生畜生中，謂彼闇冥中生，闇冥中長，闇冥中死。彼為云何？謂地生蟲。愚癡人者，以本時貪著食味，行身惡行，行口、意惡行，彼行身惡行，行口、意惡行已，因此緣此，身壞命終，生畜生中，謂闇冥中生，闇冥中長，闇冥中死，是謂畜生苦。比丘！云何畜生苦？若衆生生畜生中，謂身中生，身中長，身中死。彼為云何？謂名瘡蟲。愚癡人者，以本時貪著食味，行身惡行，行口、意惡行，彼行身惡行，行口、意惡行已，因此緣此，身壞命終，生畜生中，謂身中生，身中長，身中死，是謂畜生苦。」

「比丘！云何畜生苦？若衆生生畜生中，謂水中生，水中長，水中死。彼爲云何！謂魚、摩竭魚、龜、鼉、婆留尼、提鼻、提提鼻伽羅、提鼻伽羅。愚癡人者，以本時貪著食味，行身惡行，行口、意惡行，彼行身惡行，行口、意惡行已，因此緣此，身壞命終，生畜生中，謂水中生、水中長、水中死，是謂畜生苦。比丘！云何畜生苦？若衆生生畜生中，謂齒齧生草樹木食。彼爲云何？謂象、馬、駱駝、牛、驢、鹿、水牛及豬。愚癡人者，以本時貪著食味，行身惡行，行口、意惡行，彼行身惡行，行口、意惡行已，因此緣此，身壞命終，生畜生中，謂齒齧生草樹木食，是謂畜生苦。」

「比丘！云何畜生苦？若衆生生畜生中，謂彼聞人大小便氣，即走往趣彼，食彼食，猶如男女聞飲食香，即便往趣彼，如是說彼食彼食。如是，比丘！若衆生生畜生中，謂彼聞人大小便氣，即走往趣彼，食彼食。

彼爲云何？謂雞、豬、狗、豺、烏、拘樓羅、拘稜迦。愚癡人者，以本時貪著食味，行身惡行，行口、意惡行，彼行身惡行，行口、意惡行已，因此緣此，身壞命終，生畜生中，謂食屎不淨，是謂畜生苦。比丘！我爲汝等無量方便，說彼畜生，說畜生事，然此畜生苦不可具說，但畜生唯有苦。」

「比丘！若愚癡人從畜生出，還生爲人極大甚難。所以者何？彼畜生中不行仁義，不行禮法，不行妙善，彼畜生者更相食噉，强者食弱，大者食小。比丘！猶如此地，滿其中水，有一瞎龜，壽命無量百千之歲。彼水上有小輕木板，唯有一孔，爲風所吹。比丘！於意云何？彼瞎龜頭寧得入此小輕木板一孔中耶？」

比丘答曰：「世尊！或可得入，但久久甚難。」

世尊告曰：「比丘！或時瞎龜過百年已，從東方來而一舉頭，彼小木板唯有一孔，爲東風吹移至南方。或時瞎龜過百年已，從南方來而一舉頭，彼一孔板爲南風吹移至西方。或時瞎龜過百年已，從西方來而一舉頭，彼一孔板爲西風吹移至北方。或時瞎龜從北方來而一舉頭，彼一孔板爲北風吹隨至諸方。比丘！於意云何？彼瞎龜頭寧得入此一孔板耶？」

比丘答曰：「世尊！或可得入，但久久甚難。」

「比丘！如是彼愚痴人從畜生出，還生爲人亦復甚難。所以者何！彼畜生中不行仁義，不行禮法，不行妙善，彼畜生者更相食噉，强者食弱，大者食小。比丘！若愚癡人或時從畜生出，還生爲人，彼若有家，小姓下賤，弊惡貧窮，少有飲食，謂得食甚難。彼爲云何？謂獄卒家、工師家、巧手家、陶師家，如是比餘下賤家，弊惡貧窮，少有飲食，謂得食甚難。生如是家，既生彼已，或瞎或跛，或臂肘短，或身傴曲，或用左手，惡色羊面，醜陋短壽，爲他所使。彼行身惡行，行口、意惡行，彼行身惡行，行口、意惡行已，因此緣此，身壞命終，還至惡處，生地獄中。」

「猶如二人而共博戲，彼有一人始取如是行，便失奴婢及失妻子，復取己身倒懸煙屋中，彼作是念：我不食不飲，然我始取如是行，便失奴婢及失妻子，復取己身倒懸煙屋中。比丘！此行甚少，失奴婢、失妻子，復取己身倒懸煙屋中。比丘！謂此行所可行，行身惡行，行口、意惡行，彼行身惡行，行口、意惡行已，因此緣此，身壞命終，還至惡處，生地獄中。比丘！此諸行最不可愛，實不可樂。非意所念。比丘！非為具足說愚癡法耶？」

比丘答曰：「唯然，世尊！為具足說愚癡法也。」

世尊告曰：「云何智慧法？彼智慧人有三相智慧標、智慧像，謂成就智慧人說智慧也。云何為三？智慧人者，思善思、說善說、作善作，是以智慧人說智慧也。若智慧人不思善思、不說善說、不作善作者，不應智慧人說智慧也。以智慧人思善思、說善說、作善作故，是智慧人說智慧也。智慧人者，於現法中，身心則受三種喜樂。云何智慧人於現法中，身心則受三種喜樂也？智慧人者，或有所行，或聚會坐，或在道巷，或在市中，或四衢頭，說智慧人相應事也。智慧人者，斷殺、離殺、不與取、邪淫、妄言，……乃至斷邪見得正見，及成就餘無量善法。若成就無量善法者，他人見已，便稱譽之。彼智慧人聞已，便作是念：若成就無量善法，他人見已稱譽者。我亦有是無量善法，若他知者，亦當稱譽我，是謂智慧人於現法中，身心則受第一喜樂。」

「復次，彼智慧人又見王人種種治賊，截手截足，并截手足，截耳截鼻，并截耳鼻，或臠臠割，拔鬚拔髮，或拔鬚髮，或著檻中衣裹火燒，或以沙壅草纏火焫，或內鐵驢腹中，或著鐵豬口中，或置鐵虎口中燒，或安銅釜中，或著鐵釜中煮，或段段截，或利叉刺，或以鉤鉤，或臥鐵床以沸油燒，或坐鐵臼以鐵杵擣，或毒龍蜇，或以鞭鞭，或以杖撾，或以棒打，或活貫摽頭，或梟其首，彼智慧人見已，便作是念：若成就無量惡不善法者，王知捉已，如是考治，我無是無量惡不善之法，若王知者，終不如是苦治於我。是謂智慧人於現法中，身心則受第二喜樂。」

「復次，彼智慧人行身妙行，行口、意妙行，彼若時疾病，或坐臥床，或坐臥榻，或坐臥地，或身生極苦甚重苦，乃至命欲斷，彼所有身妙行，口、意妙行，彼於爾時懸向在上，猶如哺時日下高山，影懸向在地。如是彼所有身妙行，口、意妙行，彼於爾時懸向在上。彼作是念：此是我身妙行，口、意妙行懸向在上，我於本時不作惡、多作福，若有處不作惡者，不凶暴、不作無理事。作福、作善、作恐怖所歸命、所依怙，我至彼善處而不生悔，不生悔已，賢死，善命終。是謂智慧人於現法中，身心則受第三喜樂。」

「復次，彼智慧人行身妙行，行口、意妙行，彼行身妙行，行口、意妙行已，因此緣此，身壞命終，必昇善處，上生天中。既生彼已，受於樂報，一向可愛，一向可樂而意可念。若作是念：一向可愛，一向可樂而意可念者，是說善處。所以者何？彼善處者，一向可愛，一向可樂而意可念。」

爾時，有一比丘即從坐起，偏袒著衣，叉手向佛，白曰：「世尊！善處樂云何？」

世尊答曰：「比丘！善處不可盡說，所謂善處樂，但善處唯有樂。」

比丘復問曰：「世尊！可得以喻現其義耶？」

世尊答曰：「亦可以喻現其義也。猶如轉輪王成就七寶、四種人如意足。比丘！於意云何？彼轉輪王成就七寶、四種人如意足，彼因是身心受極喜樂耶？」

比丘答曰：「世尊！成就一寶、一人如意足，尚受極喜樂，況復轉輪王成就七寶、四種人如意足，非爲受極喜樂耶？」

於是，世尊手取石子猶如小豆，告曰：「比丘！汝見我手取此石子如小豆耶？」

比丘答曰：「見也，世尊！」

世尊復問曰：「比丘！於意云何！我取石子猶如小豆，比雪山王何者爲大？」

比丘答曰：「世尊！手取石子猶如小豆，比雪山王百倍、千倍、百千萬倍，終不相及，不可數，不可算，不可譬喻，不可比方，但雪山王極大甚大。」

世尊告曰：「比丘！若我取石子猶如小豆，比雪山王百倍、千倍、百千萬倍，終不相及，不可數，不可算，不可譬喻，不可比方，但雪山王極大甚大。如是，比丘！若轉輪王成就七寶、四種人如意足，彼人身心受極喜樂，比諸天樂百倍、千倍、百千萬倍，終不相及，不可數，不可算，不可譬喻，不可比方。所謂善處樂，但善處唯有樂。」

「比丘！云何善處樂？彼有善處，名六更樂，若眾生生彼中，既生彼已，若眼見色，意所喜可，彼是喜可；意所潤愛，彼是潤愛；意所善樂，彼是善樂。耳所聞聲、鼻所嗅香、舌所嘗味、身所覺觸、意所知法，意所喜可，彼是喜可；意所潤愛，彼是潤愛；意所善樂，彼是善樂，是謂善樂處。比丘！我為汝等無量方便，說彼善處，說善處事，然此善處樂不可具說，但善處唯有樂。」

「比丘！若智慧人或時從善處來，下生人間，若有家者，極大富樂，錢財無量，多諸畜牧，封戶、食邑、米穀豐溢，及若干種諸生活具。彼為云何？謂剎利大長者家，梵志大長者家，居士大長者家，及餘極大富樂，錢財無量，多諸畜牧，封戶、食邑、米穀豐溢，及若干種諸生活具。生如是家，端正可愛，衆人敬順，極有名譽，有大威德，及人所愛，多人所念。彼行身妙行，行口、意妙行，彼行身妙行，行口、意妙行已，因此緣此，身壞命終，還至善處，生於天中。」

「猶如二人而共博戲，彼有一人始求取如是行，多得錢財。彼作是念：我不田作，然我始取如是行，多得錢財。比丘！此行甚少，謂多得錢財。比丘！謂此所行行身妙行，行口、意妙行，彼行身妙行，行口、意妙行已，因此緣此，身壞命終，還至善處，生於天中。比丘！此諸行是行最可愛、最可樂、最可意所念。比丘！非爲具足說智慧人法耶？」

比丘曰：「唯然，世尊！爲具足說智慧人法。」

世尊告曰：「是謂愚癡人法、智慧人法，汝等應當知愚癡人法、智慧人法。知愚癡人法、智慧人法已，捨愚癡人法，取智慧人法，當如是學。」

佛說如是，彼諸比丘聞佛所說，歡喜奉行！

持齋經

我聞如是：

一時，佛遊舍衛國，在於東園鹿子母堂。

爾時，鹿子母毗舍佉平日沐浴，著白淨衣，將子婦等眷屬圍繞，往詣佛所，稽首作禮，卻住一面。世尊問曰：「居士婦！今沐浴耶？」

答曰：「世尊！我今持齋。善逝！我今持齋。」

世尊問曰：「居士婦！今持何等齋耶！齋有三種，云何為三？一者放牛兒齋，二者尼犍齋，三者聖八支齋。居士婦！云何名為放牛兒齋？若放牛兒朝放澤中，晡收還村，彼還村時，作如是念：我今日在此處放牛，明日當在彼處放牛；我今日在此處飲牛，明日當在彼處飲牛；我牛今在此處宿止，明日當在彼處宿止。居士婦！如是有人若持齋時，作是思惟：我今日食如此之食，明日當食如彼食也；我今日飲如此之飲，明日當飲如彼飲也；我今含消如此含消，明日含消如彼含消。其人於此晝夜樂著欲過，是謂名曰放牛兒齋。若如是持齋放牛兒齋者，不獲大利，不得大果，無大功德，不得廣布。」

「居士婦！云何名爲尼犍齋耶？若有出家學尼犍者，彼勸人曰：『汝於東方過百由延外有衆生者，擁護彼故，棄捨刀杖，如是南方、西方、北方過百由延外有衆生者，擁護彼故，棄捨刀杖。』是爲彼勸進人，或有想護衆生，或無想不護衆生。汝當十五日說從解脫時，脫衣裸形東向住立，作如是說：我無父母，非父母有，我無妻子，非妻子有，我無奴婢，非奴婢主。居士婦！彼勸進於真諦語，而反勸進虛妄之言。彼人日日見其父母，便作此念：是我父母。父母日日見其兒子，亦作此念：是我兒子。彼見妻子而作此念：是我妻子。妻子見彼亦作此念：是我尊長。彼見奴婢復作此念：是我奴婢。奴婢見彼亦作此念：是我大家。彼用此欲，不與而用非是與用，是謂名曰尼犍齋也。若如是持尼犍齋者，不獲大利，不得大果，無大功德，不得廣布。」

「居士婦！云何名為聖八支齋？多聞聖弟子若持齋時，作是思惟：阿羅訶真人盡形壽離殺斷殺，棄捨刀杖，有慚有愧，有慈悲心，饒益一切乃至昆蟲，彼於殺生淨除其心。我亦盡形壽離殺斷殺，棄捨刀杖，有慚有愧，有慈悲心，饒益一切乃至昆蟲，我今於殺生淨除其心，我以此支於阿羅訶等同無異，是故說齋。」

「復次，居士婦！多聞聖弟子若持齋時，作是思惟：阿羅訶真人盡形壽離不與取、斷不與取，與而後取，樂於與取，常好布施，心樂放捨，歡喜無吝，不望其報，不以盜覆心，能自制己，彼於不與取淨除其心。我亦盡形壽離不與取、斷不與取，與而後取，樂於與取，常好布施，心樂放捨，歡喜無吝，不望其報，不以盜覆心，能自制己，我於不與取淨除其心，我以此支於阿羅訶等同無異，是故說齋。」

「復次，居士婦！多聞聖弟子若持齋時，作是思惟：阿羅訶真人盡形壽離非梵行、斷非梵行，修行梵行，至誠心淨，行無臭穢，離欲斷淫，彼於非梵行淨除其心。我於此日此夜離非梵行、斷非梵行，修行梵行，至誠心淨，行無臭穢，離欲斷淫，我於非梵行淨除其心，我以此支於阿羅訶等同無異，是故說齋。」

「復次，居士婦！多聞聖弟子若持齋時，作是思惟：阿羅訶真人盡形壽離妄言、斷妄言，真諦言，樂真諦，住真諦，爲人所信，不欺世間，彼於妄言淨除其心。我亦盡形壽離妄言、斷妄言，真諦言，樂真諦，住真諦，為人所信，不欺世間，我於妄言淨除其心，我以此支於阿羅訶等同無異，是故說齋。」

「復次，居士婦！多聞聖弟子若持齋時，作是思惟：阿羅訶真人盡形壽離酒放逸、斷酒放逸，彼於酒放逸淨除其心。我亦盡形壽離酒放逸、斷酒放逸，我於酒放逸淨除其心，我以此支於阿羅訶等同無異，是故說齋。」

「復次！居士婦！多聞聖弟子若持齋時，作是思惟：阿羅訶真人盡形壽離高廣大床、斷高廣大床，樂下坐臥，或床或敷草，彼於高廣大床淨除其心。我於此日此夜離高廣大床、斷高廣大床，樂下坐臥，或床或敷草，我於高廣大床淨除其心，我以此支於阿羅訶等同無異，是故說齋。」

「復次，居士婦！多聞聖弟子若持齋時，作是思惟：阿羅訶真人盡形壽離華鬘、瓔珞、塗香、脂粉、歌舞、倡伎及往觀聽，斷華鬘、瓔珞、塗香、脂粉、歌舞、倡伎及往觀聽，彼於華鬘、瓔珞、塗香、脂粉、歌舞、倡伎及往觀聽淨除其心。我於此日此夜離華鬘、瓔珞、塗香、脂粉、歌舞、倡伎及往觀聽，斷華鬘、瓔珞、塗香、脂粉、歌舞、倡伎及往觀聽，我於華鬘、瓔珞、塗香、脂粉、歌舞、倡伎及往觀聽淨除其心，我以此支於阿羅訶等同無異，是故說齋。」

「復次，居士婦！多聞聖弟子若持齋時，作是思惟：阿羅訶真人盡形壽離非時食、斷非時食，一食不夜食，樂於時食，彼於非時食淨除其心。我於此日此夜離非時食、斷非時食，一食不夜食，樂於時食，我於非時食淨除其心，我以此支於阿羅訶等同無異，是故說齋。」

「彼住此聖八支齋已，於上當復修習五法。云何爲五？居士婦！多聞聖弟子若持齋時，憶念如來，彼世尊如來、無所著、等正覺、明行成爲、善逝、世間解、無上士、道法御、天人師，號佛、衆祐。彼作如是憶念如來已，若有惡伺，彼便得滅，所有穢污惡不善法，彼亦得滅。居士婦！多聞聖弟子緣如來故，心靜得喜，若有惡伺，彼便得滅，所有穢污惡不善法。彼亦得滅。」

「譬若如人頭有垢膩，因膏澤暖湯人力洗沐故，彼便得淨。如是多聞聖弟子若持齋時，憶念如來，彼世尊如來、無所著、等正覺、明行成爲、善逝、世間解、無上士、道法御、天人師，號佛、衆祐。彼作如是憶念如來已，若有惡伺，彼便得滅，所有穢污惡不善法，彼亦得滅。居士婦！多聞聖弟子緣如來故，心靜得喜，若有惡伺，彼便得滅，所有穢污惡不善法，彼亦得滅，是謂多聞聖弟子持梵齋，梵共會，因梵故，心靜得喜，若有惡伺，彼便得滅，所有穢污惡不善法，彼亦得滅。」

「復次，居士婦！多聞聖弟子若持齋時，憶念於法，此法世尊善說，究竟，恆不變易，正智所見，正智所知，正智所覺。彼作如是憶念法已，若有惡伺，彼便得滅，所有穢污惡不善法，彼亦得滅。居士婦！多聞聖弟子緣於法故，心靜得喜，若有惡伺，彼便得滅，所有穢污惡不善法，彼亦得滅。」

「猶人身有垢膩不淨，因麩、澡豆、暖湯、人力、極洗浴故，身便得淨。如是多聞聖弟子若持齋時，憶念於法，此法世尊善說，究竟，恆不變易，正智所知，正智所見，正智所覺。彼作如是憶念法已，若有惡伺，彼便得滅，所有穢污惡不善法，彼亦得滅。居士婦！多聞聖弟子緣於法故，心靜得喜，若有惡伺，彼便得滅，所有穢污惡不善法，彼亦得滅。居士婦！是謂多聞聖弟子持法齋，法共會，因法故，心靜得喜，若有惡伺，彼便得滅，所有穢污惡不善法，彼亦得滅。」

「復次，居士婦！多聞聖弟子若持齋時，憶念於眾，世尊弟子眾善趣向質直，行要行趣，如來眾中實有阿羅訶真人趣、阿羅訶果證、阿那含趣、阿那含果證、斯陀含趣、斯陀含果證、須陀洹趣、須陀洹果證，是爲四雙人八輩聖士，是謂世尊弟子衆，成就戒、定、慧、解脫、解脫智見，可呼、可請、可供養、可奉事、可敬重，則爲天人良福之田。彼作如是憶念衆已，若有惡伺，彼便得滅，所有穢污惡不善法，彼亦得滅。居士婦！多聞聖弟子緣於衆故，心靜得喜，若有惡伺，彼便得滅，所有穢污惡不善法，彼亦得滅。」

「猶如人衣有垢膩不淨，因灰皂莢澡豆湯水人力浣故，彼便得淨。如是多聞聖弟子若持齋時，憶念於衆，世尊弟子衆善趣向質直，行要行趣，如來衆中實有阿羅訶真人趣、阿羅訶果證、阿那含趣、阿那含果證、斯陀含趣、斯陀含果證、須陀洹趣、須陀洹果證，是爲四雙人八輩聖士，是謂世尊弟子衆，成就戒、定、慧、解脫、解脫智見，可呼、可請、可供養、可奉事、可敬重，則爲天人良福之田。彼作如是憶念衆已，若有惡伺，彼便得滅，所有穢污惡不善法，彼亦得滅。居士婦！多聞聖弟子緣於衆故，心靜得喜，若有惡伺，彼便得滅，所有穢污惡不善法，彼亦得滅，是謂多聞聖弟子持衆齋，衆共會，因衆故，心靜得喜，若有惡伺，彼便得滅，所有穢污惡不善法，彼亦得滅。」

「復次，居士婦！多聞聖弟子若持齋時，憶念自戒，不缺不穿，無穢無污，極廣極大，不望其報，智者稱譽，善具善趣，善受善持。彼作如是憶念自戒已，若有惡伺，彼便得滅，所有穢污惡不善法，彼亦得滅。居士婦！多聞聖弟子緣於戒故，心靜得喜，若有惡伺，彼便得滅，所有穢污惡不善法，彼亦得滅。」

「猶若如鏡生垢不明，因石磨鋥瑩，由人力治便得明淨。如是多聞聖弟子若持齋時，憶念自戒，不缺不穿，無穢無污，極廣極大，不望其報，智者稱譽，善具善趣，善受善持。彼作如是憶念自戒已，若有惡伺，彼便得滅，所有穢污惡不善法，彼亦得滅。居士婦！多聞聖弟子緣於戒故，心靜得喜，若有惡伺，彼穢得滅，所有穢污惡不善法，彼亦得滅，是謂多聞聖弟子持戒齋，戒共會，因戒故，心靜得喜，若有惡伺，彼便得滅，所有穢污惡不善法，彼亦得滅。」

「復次，居士婦！多聞聖弟子若持齋時，憶念諸天，實有四王天。彼天若成就信，於此命終，得生彼間，我亦有彼信。彼天若成就戒、聞、施、慧，於此命終，得生彼間，我亦有彼（戒、聞、施）慧。實有三十三天、焰摩天、兜率陀天、化樂天、他化樂天。彼天若成就信，於此命終，得生彼間，我亦有彼信。彼天若成就戒、聞、施、慧，於此命終，得生彼間，我亦有彼（戒、聞、施）慧。彼作如是憶念已，及諸天信、戒、聞、施、慧，若有惡伺，彼便得滅，所有穢污惡不善法，彼亦得滅。居士婦！多聞聖弟子緣諸天故，心靜得喜，若有惡伺，彼便得滅，所有穢污惡不善法，彼亦得滅。」

「猶如上色金，生垢不淨，因火排鉆椎赤土，人力磨拭瑩治便得明淨。如是多聞聖弟子若持齋時，憶念諸天，實有四王天。彼天若成就信，於此命終，得生彼間，我亦有彼信。彼天若成就戒、聞、施、慧，於此命終，得生彼間，我亦有彼慧。實有三十三天、焰摩天、兜率陀天、化樂天、他化樂天。彼天若成就信，於此命終，得生彼間，我亦有彼信。彼天若成就戒、聞、施、慧，於此命終，得生彼間，我亦有彼慧。彼作如是憶念已，及諸天信、戒、聞、施、慧，若有惡伺，彼便得滅，所有穢污惡不善法，彼亦得滅。」

「居士婦！若行如是聖八支齋，若有十六大國，謂一者鴦迦，二者摩竭陀，三者迦尸，四者拘薩羅，五者拘樓，六者般闍羅，七者阿攝貝，八者阿和檀提，九者枝提，十者跋耆，十一者跋蹉，十二跋羅，十三蘇摩，十四蘇羅吒，十五喻尼，十六劍浮。此諸國中所有錢寶、金、銀、摩尼、真珠、琉璃、壤伽、碧玉、珊瑚、留邵、鞞留、鞞勒、馬瑙、玳蝐、赤石、旋珠。設使有人於中作王，隨用自在者，彼一切皆持聖八支齋，不直十六分。」

「居士婦！我因此故說，人王者不如天樂。若人五十歲是四王天一晝一夜，如是三十晝夜爲一月，十二月爲一歲，如此五百歲是四王天壽。居士婦！必有是處。若族姓男、族姓女持聖八支齋，身壞命終，生四天王中。居士婦！我因此故說，人王者不如天樂。若人百歲是三十三天一晝一夜，如是三十晝夜爲一月，十二月爲一歲，如此千歲是三十三天壽。居士婦！必有是處。若族姓男、族姓女持聖八支齋，身壞命終，生三十三天中。」

「居士婦！我因此故說，人王者不如天樂。若人二百歲是焰摩天一晝一夜，如是三十晝夜爲一月，十二月爲一歲，如此二千歲是焰摩天壽。居士婦！必有是處。若族姓男、族姓女持聖八支齋，身壞命終，生焰摩天中。居士婦！我因此故說，人王者不如天樂。若人四百歲是兜率陀天一晝一夜，如是三十晝夜爲一月，十二月爲一歲，如此四千歲是兜率陀天壽。居士婦！必有是處。若族姓男、族姓女持聖八支齋，身壞命終，生兜率陀天中。」

「居士婦！我因此故說，人王者不如天樂。若人八百歲是化樂天一晝一夜，如是三十晝夜爲一月，十二月爲一歲，如此八千歲是化樂天壽。居士婦！必有是處。若族姓男、族姓女持聖八支齋，身壞命終，生化樂天中。居士婦！我因此故說，人王者不如天樂。若人千六百歲是他化樂天一晝一夜，如是三十晝夜爲一月，十二月爲一歲，如此萬六千歲是他化樂天壽。居士婦！必有是處。若族姓男、族姓女持聖八支齋，身壞命終，生他化樂天中。」

於是，鹿子母毗舍佉叉手向佛，白曰：「世尊！聖八支齋甚奇！甚特！大利大果，有大功德，有大廣布。世尊！我從今始自盡形壽持聖八支齋，隨其事力，布施修福。」於是，鹿子母聞佛所說，善受善持，稽首佛足，饒三匝而去。

佛說如是，鹿子母毗舍佉及諸比丘聞佛所說，歡喜奉行！

見經

我聞如是：

一時佛般涅槃後不久，尊者阿難遊王舍城，在竹林迦蘭哆園。

於是，有一異學梵志，是尊者阿難未出家時友，中後彷徉，往詣尊者阿難所，共相問訊，卻坐一面，語尊者阿難：「欲有所問，聽我問耶？」

尊者阿難答曰：「梵志！欲問便問，我聞已當思。」

異學梵志即便問曰：「所謂此見捨置除卻，不盡通說，謂世有常，世無有常；世有底，世無底；命即是身，爲命異身異；如來終，如來不終；如來終不終，如來亦非終亦非不終耶？沙門瞿曇知此諸見如應知耶？」

尊者阿難答曰：「梵志！所謂此見，世尊如來、無所著、正盡覺捨置除卻，不盡通說，謂世有常，世無有常；世有底，世無底；命即是身，為命異身異；如來終，如來不終；如來終不終，如來亦非終亦非不終耶？世尊如來、無所著、正盡覺知此諸見如應也。」

異學梵志又復問曰：「所謂此見，沙門瞿曇捨置除卻，不盡通說，謂世有常，世無有常；世有底，世無底；命即是身，為命異身異；如來終，如來不終；如來終不終，如來亦非終亦非不終耶？沙門瞿曇云何知此諸見如應耶？」

尊者阿難答曰：「梵志！所謂此見，世尊如來、無所著、正盡覺捨置除卻，不盡通說，謂世有常，世無有常；世有底，世無底；命即是身，為命異身異；如來終，如來不終；如來終不終，如來亦非終亦非不終耶？異學梵志！如是具、如是受、如是趣、如是生、如是至後世，所謂此是世尊如來、無所著、正盡覺捨置除卻，不盡通說，謂世有常，世無有常；世有底，世無底；命即是身，為命異身異；如來終，如來不終；如來終不終，如來亦非終亦非不終耶？如是知此諸見，此諸見應如是知。」

異學梵志白曰：「我今自歸於阿難。」

尊者阿難告曰：「梵志！汝莫自歸於我，如我自歸於佛，汝亦應自歸。」

異學梵志白曰：「阿難！我今自歸於佛、法及比丘衆，唯願世尊受我為優婆塞！從今日始，終身自歸，乃至命盡。」

尊者阿難所說如是，彼異學梵志聞尊者阿難所說，歡喜奉行！

箭喻經

我聞如是：

一時，佛遊舍衛國，在勝林給孤獨園。

爾時，尊者鬘童子獨安靖處，燕坐思惟，心作是念：所謂此見，世尊捨置除卻，不盡通說，謂世有常，世無有常；世有底，世無底；命即是身，爲命異身異；如來終，如來不終；如來終不終，如來亦非終亦非不終耶？我不欲此，我不忍此，我不可此。若世尊爲我一向說世有常者，我從彼學梵行；若世尊不爲我一向說世有常者，我當難詰彼，捨之而去。如是世無、有常；世有底，世無底；命即是身，爲命異身異；如來終，如來不終；如來終不終，如來亦非終亦非不終耶？若世尊爲我一向說此是真諦，餘皆虛妄言者，我從彼學梵行；若世尊不爲我一向說此是真諦，餘皆虛妄言者，我當難詰彼，捨之而去。

於是，尊者鬘童子則於晡時從燕坐起，往詣佛所，稽首作禮，卻坐一面。白曰：「世尊！我今獨安靖處，燕坐思惟，心作是念：所謂此見，世尊捨置除卻，不盡通說，謂世有常，世無有常；世有底，世無底；命即是身，爲命異身異；如來終，如來不終；如來終不終，如來亦非終亦非不終耶？我不欲此，我不忍此，我不忍此。若世尊一向知世有常者，世尊！當爲我說。若世尊不一向知世有常者，當直言不知也。如是世無、有常；世有底，世無底；命即是身，爲命異身異；如來終，如來不終；如來終不終，如來亦非終亦非不終耶？若世尊一向知此是真諦，餘皆虛妄言者，世尊！當爲我說，若世尊不一向知此是真諦，餘皆虛妄言者，當直言不知也。」

世尊問曰：「鬘童子！我本頗爲汝如是說世有常，汝來從我學梵行耶？」

鬘童子答曰：「不也，世尊！」

「如是世無、有常；世有底，世無底；命即是身，爲命異身異；如來終，如來不終；如來終不終，如來亦非終亦非不終耶？我本頗爲汝如是說此是真諦，餘皆虛妄言，汝來從我學梵行耶？」

鬘童子答曰：「不也，世尊！」

「鬘童子！汝本頗向我說，若世尊爲我一向說世有常者，我當從世尊學梵行耶？」

鬘童子曰：「不也，世尊！」

「如是世無、有常；世有底，世無底；命即是身，爲命異身異；如來終，如來不終；如來終不終，如來亦非終亦非不終耶？鬘童子！汝本頗向我說，若世尊爲我一向說此是真諦，餘皆虛妄言者，我當從世尊學梵行耶？」

鬘童子答曰：「不也，世尊！」

世尊告曰：「鬘童子！我本不向汝有所說，汝本亦不向我有所說，汝愚癡人何故虛妄誣謗我耶？」於是，尊者鬘童子爲世尊面訶責數，內懷憂慼，低頭默然，失辯無言，如有所伺。

於是，世尊面訶鬘童子已，告諸比丘：「若有愚癡人作如是念：若世尊不爲我一向說世有常者，我不從世尊學梵行。彼愚癡人竟不得知於其中間而命終也。如是世無、有常；世有底，世無底；命即是身，爲命異身異；如來終，如來不終；如來終不終，如來亦非終亦非不終耶？若有愚癡人作如是念：若世尊不爲我一向說此是真諦，餘皆虛妄言者，我不從世尊學梵行。彼愚癡人竟不得知於其中間而命終也。」

「猶如有人身被毒箭，因毒箭故，受極重苦。彼見親族憐念愍傷，為求利義饒益安隱，便求箭醫，然彼人者，方作是念：未可拔箭！我應先知彼人如是姓、如是名、如是生，為長短麤細，為黑白、不黑不白，為剎利族，梵志、居士、工師族，為東方、南方、西方、北方耶？未可拔箭！我應先知彼弓為柘、為桑、為槻、為角耶？未可拔箭！我應先知弓扎，彼為是牛筋、為獐鹿筋、為是絲耶？未可拔箭！我應先知弓色為黑、為白、為赤、為黃耶？未可拔箭！我應先知弓弦為筋、為絲、為紵、為麻耶？未可拔箭！我應先知箭簳為木、為竹耶？未可拔箭！我應先知箭纏為是牛筋、為獐鹿筋、為是絲耶？未可拔箭！我應先知箭羽為飄鷂毛、為鵰鷲毛、為鶤雞毛、為鶴毛耶？未可拔箭！我應先知箭鏑為錦、為矛、為鈹刀耶？未可拔箭！我應先知作箭鏑師如是姓、如是名、如是生，為長短麤細，為黑白、不黑不白，爲東方、西方、南方、北方耶？彼人竟不得知，於其中間而命終也。」

若有愚癡人作如是念：若世尊不爲我一向說世有常者，我不從世尊學梵行。被愚癡人竟不得知，於其中間而命終也。如是世無、有常；世有底，世無底；命即是身，爲命異身異；如來終，如來不終；如來終不終，如來亦非終亦非不終耶？若有愚癡人做如是念：若世尊不爲我一向說此是真諦，餘皆虛妄言者，我不從世尊學梵行。彼愚癡人竟不得知，於其中間而命終也。

「世有常，因此見故，從我學梵行者，此事不然。如是世無、有常；世有底，世無底；命即是身，爲命異身異；如來終，如來不終；如來終不終，如來亦非終亦非不終耶？因此見故，從我學梵行者，此事不然。世有常，有此見故，不從我學梵行者，此事不然。如是世無、有常；世有底，世無底；命即是身，爲命異身異；如來終，如來不終；如來終不終，如來亦非終亦非不終耶？有此見故，不從我學梵行者，此事不然。」

「世有常，無此見故，從我學梵行者，此事不然。如是世無、有常；世有底，世無底；命即是身，爲命異身異；如來終，如來不終；如來終不終，如來亦非終亦非不終耶？無此見故，從我學梵行者，此事不然。世有常，無此見故，從我學梵行者，此事不然。如是世無、有常；世有底，世無底；命即是身，爲命異身異；如來終，如來不終；如來終不終，如來亦非終亦非不終耶？無此見故，不從我學梵行者，此事不然。」

「世有常者，有生、有老、有病、有死，愁慼、啼哭、憂苦、懊惱，如是此淳大苦陰生。如是世無常；世有底，世無底；命即是身，爲命異身異；如來終，如來不終；如來終不終，如來亦非終亦非不終者，有生、有老、有病、有死，愁慼、啼哭、憂苦、懊惱，如是此淳大苦陰生。」

「世有常，我不一向說此，以何等故，我不一向說此？此非義相應，非法相應，非梵行本，不趣智、不趣覺、不趣涅槃，是故我不一向說此。如是世無常；世有底，世無底；命即是身，爲命異身異；如來終，如來不終；如來終不終，如來亦非終亦非不終，我不一向說此，以何等故，我不一向說此？此非義相應，非法相應，非梵行本，不趣智、不趣覺、不趣涅槃，是故我不一向說此也。何等法我一向說耶？此義我一向說：苦、苦集、苦滅、苦滅道跡，我一向說，以何等故，我一向說此？此是義相應，是法相應，是梵行本，趣智、趣覺、趣於涅槃，是故我一向說此，是爲不可說者則不說，可說者則說。當如是持！當如是學！」

佛說如是，彼諸比丘聞佛所說，歡喜奉行！

國家圖書館出版品預行編目資料

中阿含經選集／三藏瞿曇僧伽提婆翻譯. -- 初版. --
新北市：華夏出版有限公司, 2022.10
面；　公分. -- （Sunny 文庫；102）
ISBN 978-986-5541-40-8（平裝）
1.阿含部

221.82　　109019839

Sunny 文庫 102
中阿含經選集

翻　　譯　三藏瞿曇僧伽提婆
印　　刷　百通科技股份有限公司
　　　　　電話：02-86926066 傳真：02-86926016
出　　版　華夏出版有限公司
　　　　　220 新北市板橋區縣民大道 3 段 93 巷 30 弄 25 號 1 樓
　　　　　電話：02-32343788　傳真：02-22234544
E-mail：　pftwsdom@ms7.hinet.net
總 經 銷　貿騰發賣股份有限公司
　　　　　新北市 235 中和區立德街 136 號 6 樓
　　　　　電話：02-82275988　傳真：02-82275989
　　　　　網址：www.namode.com
版　　次　2022 年 10 月初版一刷
特　　價　新臺幣 500 元（缺頁或破損的書，請寄回更換）

ISBN-13：978-986-5541-40-8